박시백의 조선왕조실록

19

고종실록

일러두기

2024 어진 에디션은 정사 《조선왕조실록》을 바탕으로 한 이 책의 특징을 드러내고자
어진과 공신화에서 모티브를 얻어 박시백 화백이 새롭게 표지화를 그렸다. (표지화 인물: 흥선대원군)

박시백의
조선왕조실록

The Veritable Records of
the Joseon Dynasty
19
The Veritable Records of
King Gojong

고종실록

Humanist

머리말

　　외환위기가 한창이던 때였다. 어쩌다가 사극을 재미있게 보게 되었는데 역사와 관련한 지식이 너무도 부족한 자신을 발견하게 되었다. 그도 그럴 것이 젊은 날에 본 역사서는 근현대사가 대부분이었고, 조선사에 대한 지식이라고는 중·고교 시절에 학교에서 배운 단편적인 것들이 거의 전부였다. 당시 나는 신문사에서 시사만화를 그리고 있었다. 다행히 신문사에는 조그만 도서실이 있었는데, 틈틈이 그곳에서 난생처음 조선사에 대한 여러 책을 접할 수 있었다.

　　조선사, 특히 정치사는 흥미진진했다. 거기에는 우리에게 익숙한 수많은 역사적 인물의 신념과 투쟁, 실패와 성공의 이야기가 있었고,《삼국지》나《초한지》등에서 만나는 극적인 드라마와 무릎을 치게 하는 탁월한 처세가 있었다. 만화로 그리면 재미있겠다는 생각이 들었다. 몇 권 더 구해 읽다 보니 한 가지 궁금증이 생겼다. 어디까지가 정사에 기록된 것이고 어느 부분이 야사에 소개된 이야기인지가 모호했다. 이 대목에서 결심이 섰던 것 같다. 조선 정치사를 만화로 그리자, 그것도 철저히《실록》에 기록된 정사를 바탕으로 그리자.

　　곧이어 다니던 신문사를 그만두고《국역 조선왕조실록 CD-ROM》을 구입했다. 돌이켜보면 참 무모한 결심이었다. 특정한 출판사와 계약한 것도 아니고,《실록》의 한 쪽도 직접 본 적 없는 상태에서 작업에 전념한다는 미명 아래 회사부터 그만두었으니. 내 구상만 듣고 아무 대책 없는 결정에 동의해준 아내에게도 뭔가가 씌웠던 모양이다. 궁궐을 찾아 사진을 찍고 화보자료를 찾아 헌책방을 기웃거렸다. 1권에 해당하는 부분을 공부한 뒤 콘티를 짜기 시작했다. 동네를 산책하면서도 머릿속에서는 항상 그 시대의 인물들이 이야기를 주고받고 다투곤 했다. 어쩌다 어떤 인물의 행동이 새롭게 이해되기라도 하면 뛸 듯이 기뻤다.

마침내 펜선을 입히면서 수십 장이 쌓인 뒤 처음부터 읽어보면 이게 아닌데 싶어 폐기하기를 서너 번, 그러다 보니 어느새 1년이 후딱 지나가버렸다. 아무런 결과물도 없이 1년이 흘렀다고 생각하니 슬슬 걱정이 차오르기 시작했다. 이러다간 안 되겠다 싶어 100여 장의 견본을 만들어 무작정 출판사를 찾아가기로 했다. 그렇게 견본을 만든 후 몇 군데에서의 퇴짜는 각오하고 출판사를 찾아가려던 차에 동료 시사만화가의 소개로 휴머니스트를 만나게 되었고, 덕분에 다른 출판사들을 찾아가지는 않아도 되었다.

이 만화를 그리며 염두에 둔 나름의 원칙이 있다면 이랬다
첫째, 정치사를 위주로 하면서 주요 사건과 해당 사건에 관련된 핵심 인물들의 생각과 처신을 중심으로 그린다.
둘째, 《실록》의 기록을 바탕으로 하면서 학계의 최근 연구 성과를 적극 고려하고 필자 스스로도 적극적으로 해석에 개입한다.
셋째, 성인 독자들을 주된 대상으로 삼되, 청소년들과 역사에 관심이 남다른 어린이들이 보아도 무방하게 그린다.

흔쾌히 출판을 결정해준 휴머니스트 김학원 대표와 책이 나오는 데 애써준 휴머니스트 식구들에게 감사드린다. 그리고 언제나 곁에서 응원해주고 적절히 비판해주는 아내와 사랑하는 두 딸! 고맙다.

2003년 6월

세계기록유산은 모두의 것이며,
모두를 위해 온전히 보존되고 보호되어야 하며,
문화적 관습과 실용성을 충분히 인식하여
모든 사람이 장애 없이 영구적으로 접근할 수 있어야 합니다.

The world's documentary heritage belongs to all,
should be fully preserved and protected for all and,
with due recognition of cultural mores and practicalities,
should be permanently accessible to all without hindrance.

—〈유네스코 '세계의 기억' 프로그램의 목표〉 중에서

대한민국 국보 제151호
유네스코 세계기록유산
조선왕조실록

진실성과 신빙성을 갖추고
25대 군주, 472년간의 역사를 6,400만 자에 담은
세계에서 가장 장구하고 방대한 세계기록유산.
세계인이 기억해야 할 위대한 유산
《조선왕조실록》의 세계로 초대합니다.

차례

머리말 4
등장인물 소개 10

제1장 대원군의 개혁

효유대비 14
대원군과 그의 인사 23
기강은 세우고 제도는 고치고 33
개혁 또 개혁 42
서원을 철폐하다 47
경복궁을 재건하다 56

제2장 주화매국의 깃발 아래

척사쇄국 70
병인양요 78
남연군묘 도굴 사건 88
신미양요 97

제3장 대원군의 실각

성공과 실패 106
아들 임금과 며느리 중전 116
불만분자들 123
최익현의 소 128
날개 잃은 대원군 134

제4장 개항

친정하는 고종　144
양이 일본　153
운요호 사건　163
조일수호조규　170

제5장 개화에 대한 저항

개항 이후의 변화　178
커져가는 반발　186
임오군란　195
대원군과 왕비　207
淸, 나는 종주국이다　215

제6장 갑신정변

본격 개화의 길　224
친청 온건개화파, 친일 급진개화파　232
정변의 밤　241
삼일천하　253

작가 후기　266
《고종실록》 연표　268
조선과 세계　277
The Veritable Records of the Joseon Dynasty　278
Summary: The Veritable Records of King Gojong　279
세계기록유산,《조선왕조실록》　280
도움을 받은 책들　281

등장인물 소개

흥선대원군
고종의 아비로 섭정을 하며 과감한 개혁을 행한다.

고종
조선 제26대 임금.

흥인군 이최응

효유대비(신정왕후)
효명세자의 빈이다.

이경하

박규수
제너럴셔먼호 사건 당시의 주역이자 개화론의 선구자.

명성황후(고종의 비)
대원군을 물치치고 민씨 세도의 구심이 된다.

오페르트
도굴 사건을 일으킴.

이항로

김병학·김병국 형제

민승호
대원군 실세 후 권력자로
부상했으나 누군가 보내온
폭탄에 희생된다.

최익현
한 장의 상소로
대원군을 실각시킨다.

민영익
민씨 척족 내
개화파 선두주자이나
개화당과 대립한다.

신헌과 가오루
조일수호조규 체결의 당사자들.

김윤식
친청 세력의 핵심.

리훙장
청나라 외교를
책임지며 조선에
막강한 영향력을 행사.

묄렌도르프

위안스카이
갑신정변을 제압한다.

다케조에 공사

김옥균·홍영식을 비롯한
갑신정변의 주역들

경복궁
조선이 건국되고 한양으로 천도하면서 처음 세워졌다가 임진왜란 때 불탔다. 이후 방치되어오다 대원군의 결심으로 이전보다 훨씬 더 큰 규모로 중건되었으나 일제의 식민지가 되면서 상당 부분 헐리는 운명을 맞게 되었다. 1888년 중건된 모습을 기준으로 하는 복원공사가 1991년에 시작되어 지금까지 계속되고 있다.

제1장

대원군의 개혁

효유대비

임금의 나이가 어려 대왕대비인 효유대비(신정왕후) 조씨가 수렴청정을 맡게 되었다.

순조, 헌종, 철종에 이은 4대 연속 수렴청정일세.

그녀는 효명세자의 빈으로 간택되어 순조 19년에 궁에 들어왔다.

효명세자의 요절로 현실의 중전은 되어보지 못했지만

헌종 초에 효명세자가 익종으로 추존되면서 그녀도 중전의 지위를 갖게 되었다.

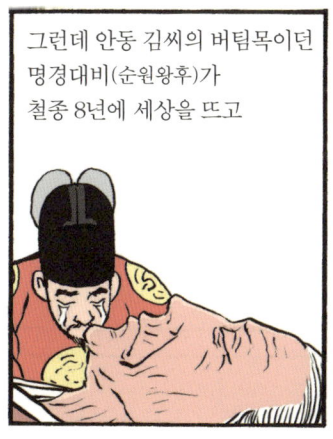

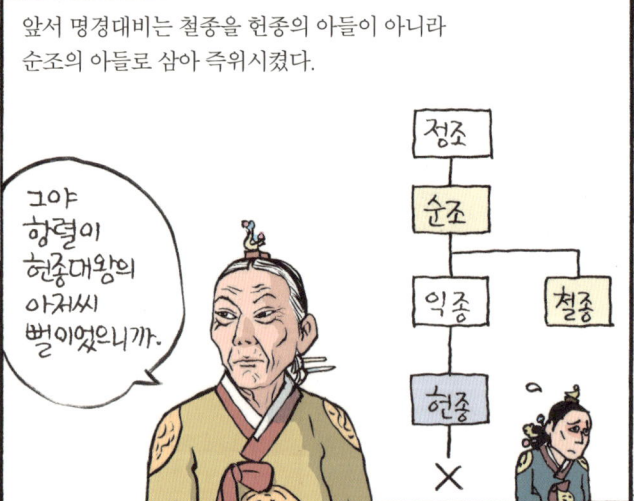

곧바로 김흥근, 김병학부터 죽이려 했는데

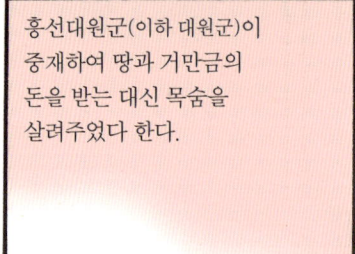
홍선대원군(이하 대원군)이 중재하여 땅과 거만금의 돈을 받는 대신 목숨을 살려주었다 한다.

복수심에 불타 앞뒤를 안 가릴 뿐 아니라 재물 욕심에 눈먼 여인으로 폄하하는 이야기이다.

대개의 사서들이 수렴청정에 참여했던 대비들에 대해 평가가 인색한 것에서 보이듯 남성 위주의 시각이 만들어낸 창작이 아닐까 싶다.

수렴청정기의 그녀는 상식 밖의 말이나 행동을 보이지 않았고

개혁과 관련해 단호했다.

대신들과 함께한 자리에서 휘둘리지 않았고

친정인 풍양 조씨의 세력 강화에도 힘쓰지 않았다.

제1장 대원군의 개혁

대왕대비의 특명으로 대원군의 사저인 운현궁에서 궁으로 들어오는 전용문도 만들었지만, 대원군의 출입은 드물었다.

몇몇의 경우를 빼곤 그는 좀처럼 전면에 나서지 않았다.

그의 구상과 개혁은 더러 대신들의 건의라는 형식을 통했고,

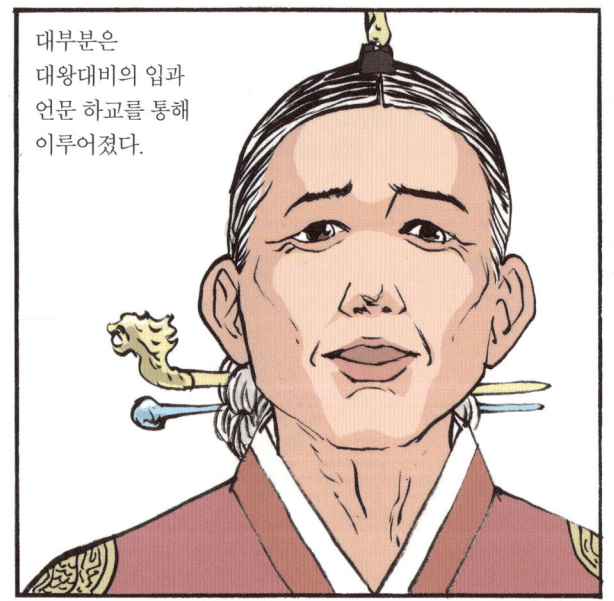

대부분은 대왕대비의 입과 언문 하교를 통해 이루어졌다.

곧 보겠지만, 고종 초의 굵직굵직한 개혁 조치들이 그렇게 실시되었다.

말하자면 그녀는 대원군의 개혁 파트너였다.

단지 자신이나 친정 가문의 정치적 욕심을 위해 대원군과 밀약했던 것이 아니고

시어머니 순원왕후와 안동김씨처럼...

대원군에게 이용만 당한 어리숙한 여인도 아니었다.

권력을 잡고 나니 나랑 풍양 조씨를 무시하고 순 제멋대로야. 속았어.

그녀는 왕실의 재건이라는 대원군의 구상에 뜻을 함께했던 것이고

그 실현을 위해 수렴청정의 주체로서 선두에서 각종 개혁을 이끌었던 것이다.

궐 밖의 대원군처럼

궐 안의 그녀 또한 흔들림 없이 최고 명령권자로서의 지위와 힘을 개혁 추진에 쏟았다.

그렇게 2년하고도 3개월이 지난 고종 3년 2월,

그녀는 마침내 수렴청정을 거둔다.

전례를 따라 왕의 나이 15세가 되자 망설임 없이 물러난 것이다.

다행히 하늘과 조종이 도와준 덕에 주상의 원기가 왕성해져서 능히 정사를 맡아볼 수 있게 되었으니...... 대신들은 우리 주상을 잘 보필하라.

물러나고 나서도 그녀는 83세가 되는 고종 27년까지 살았는데

단 한 번도 정치에 무리하게 개입하지 않았다.

대원군과 그의 인사

흥선대원군 이하응. 호는 석파로, 남연군 이구의 넷째 아들이다.

대원군이 되기 전의 그는 이렇게 소개된다.

안동 김씨의 세도 아래 한직을 돌며 불우하게 지냈다.

궁도령! 상갓집 개!

더욱이 똑똑한 종친들은 안동 김씨가 다 죽여버리던 때여서 그는 일부러 파락호처럼 살며 몸을 보전했다.

과연 당시의 안동 김씨는 잘났다 싶은 종친을 죄다 제거하려 들었나?

이를 뒷받침하는 사례로 거론되는 것이 이하전의 경우다. 철종 13년 일군의 무리가 역모를 꾀했다 하여 국청이 열렸는데

따악

그들이 이하전을 추대하려 했다는 진술이 나와 사약을 받았다.

제1장 대원군의 개혁

야사는 그가 평판이 높고 왕위 계승 1순위였는 데다 안동 김씨에게 비판적이어서 표적이 되었다고 한다.

그는 선조의 아비인 덕흥대원군의 사손(嗣孫)으로 왕위 계승 1순위였다는 설명은 일단 진실과 거리가 멀다.

역모에 이름이 등장하면 자신의 의사와 무관하게 죽음을 맞아야 했던 건 조선의 종친들에게 운명이었다.

철종조에는 또한 경평군 이호가 안동 김씨의 세도를 비판했다는 이유로 위리안치된 일도 있었다.
(제18권 198~199쪽 참조)

이 정도다. 안동 김씨의 세도가 아무리 심했다 해도 잘난 종친이면 마구 죽여버리는 환경은 아니었다는 것.

＊사손(嗣孫): 대를 이은 손자.

그는 한직을 돌며 불우한 세월을 보냈다?

아버지 남연군은 순조, 헌종 시절 가장 가까운 종친으로 대접받았다.

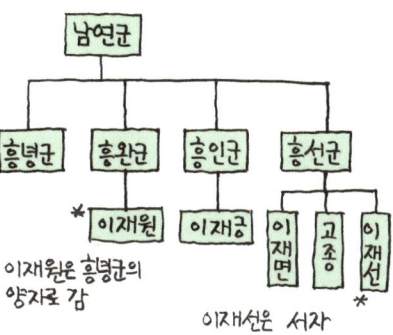

철종에게 자식이 없자 남연군의 자손은 가장 유력한 왕위 계승 후보로 떠올랐다.

이재원은 흥녕군의 양자로 감

이재선은 서자

남연군과 그의 첫째와 둘째 아들은 이미 세상을 떴고, 셋째인 흥인군과 넷째인 흥선군만 살아 있었다.

흥인군은 종친의 좌장으로 청나라에 사신으로 다녀오기도 했고

흥선군 또한 명예직이기는 하나 도총관 등을 지냈다.

종친이 특별히 요직을 맡지 않는 풍토로 볼 때 대원군이 한직을 떠돌았다는 건 적절치 않은 설명이다.

세조 때는 종친이 영의정을 맡기도 했지만 이후로는 실직에서 배제되었지.

경제적으로도 어려웠다는데

개국 이래 처음으로 등장한 '살아 있는' 대원군!

수렴청정을 맡은 대왕대비는 대원군의 의견을 충실히 대변해줄 뿐 아니라

상당한 권력을 위임해주었다.

경복궁의 일은 일체 대원군과 상의하라!

자연스럽게 대원군은 권력의 최고 담당자로 자리 잡았다.

그에게 주어진 첫 번째 과제는 안동 김씨의 처리.

야사는 별장을 빼앗고 고을 수령을 시켜 괴롭히는 등 갖은 핍박을 가했다 한다. 설령 그런 일이 더러 있었다 해도

안동 김씨에 대한 대원군의 선택이 정치보복이었다고는 할 수 없으리라. 그는 함께 가는 방식을 택했다.

세도는 거둬들이되, 지위는 유지시켜 함께 간다!

과거의 죄를 묻거나 정치 사건을 일으켜 몰아세우지 않았다.

대원군 시절 10년 동안 피를 본 안동 김씨는 하나도 없다는.

그러네.

철종 만년의 안동 김씨 세도는 김좌근, 김흥근에서 김병기, 김병학, 김병국으로 바뀌고 있었다.

우린 이제 흘러간 물.

이들의 그 후를 보자. 김좌근은 고종 3년 안석과 지팡이를 하사받았다.

원로 신하가 누릴 수 있는 최고의 영예!

김흥근도 실록총재관 등을 역임하는 등 나름의 예우를 받았다.

목숨만 부지해도 다행인 줄 알았는데

둘은 고종 6년, 7년에 73세, 75세의 나이로 죽었다.

천수를 다 누렸다는.

김좌근의 양자인 김병기는 고종 초에는 광주 유수 등 다소 한직을 맡았지만

이내 복귀해 병조 판서, 좌찬성 등을 역임했다.

김병학에 대한 대우는 특별났다.

저요?

그러나 대원군 인사의 핵심은 안동 김씨의 유지와 고른 인재 등용이 아니라 종친, 선파(璿派)의 대거 등용에 있었다.

죄안에 있는 이들을 사면하고

"죄안에 있는 종친 중 의리에 크게 관계되거나 역적으로 이미 판명된 자를 제외하고는 대신과 의금부 당상이 심사하여 신원, 복권토록 하라."

종친의 과거 응시를 제도화했으며

"앞으로 대군, 왕자군, 적왕손, 왕손을 제외하고는 모두 과거에 응시하고 벼슬에 나가는 데 장애가 없도록 하라!"

종실 관계도 재조정해 지위를 높여주었다.

종친들만 대상으로 과거를 보아 직부전시하는 일이 잦았고

"이 아무개, 이 아무개, 이 아무개는 직부전시하라."

"직부전시란 최종 시험인 전시에 응시하게 해준다는 것으로 곧 대과 합격을 의미하죠."

＊선파(璿派): 전주 이씨 가운데 조선 왕실에서 갈리어 나온 파.

기강은 세우고 제도는 고치고

근래의 모든 폐단은 염치를 차릴 줄 모르는 데서 생겨나고 있다. 탐오죄를 범해 벌을 받게 된다면 어찌 두렵지 않겠느냐? 모두 주의하여라.

의주 부윤 심이택이 무려 27만 냥이나 착복, 갈취했다는 보고가 올라왔다.

이는 군사를 일으켜 반란을 꾸민 것과 무엇이 다른가? 형구를 채워 잡아오도록 하라.

뭣이?

심이택은 잡혀와 큰 거리에서 형벌을 받은 후

제주에 위리안치 되었다.

이런 유형의 탐관오리 처벌 기사는 이후로도 계속 이어지는데

다만 이때도 예전처럼 아전 등의 하리들은 사형 등 중형으로 다스렸지만

수령들에 대해서는 절도 위리안치를 넘지 않았다.

고종 2년, 대왕대비는 탐관오리들이 착복, 수탈한 것을 전부 받아내라고 명하면서 이렇게 덧붙였다.

그들은 대대로 높은 녹봉을 받아온 명문거족 출신이다. 그런데도 감히 세력을 믿고 법을 무시하고 있으니 이런 식이면 나라가 어찌 되겠는가?

지금 무관들에게 시행한 것을 문관 출신들에겐 시행하지 못한다면 위로는 명령이 행해질 수 없고 아래로는 단속할 줄을 알지 못하게 될 것이다.

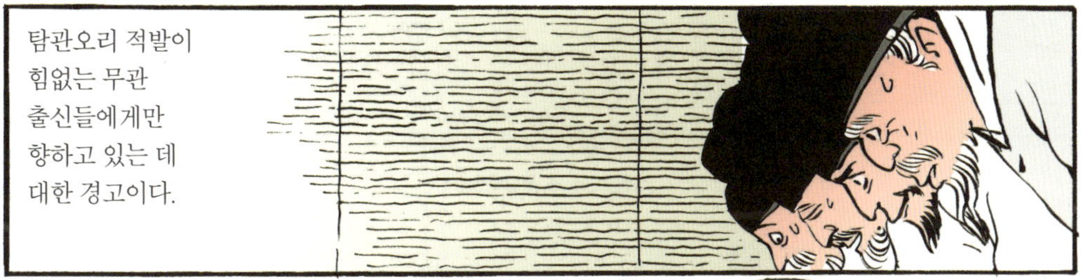

그런데 감사나 유수, 문관 출신 수령들은 모두 청렴해서 걱정을 면하게 된 것인가?

탐관오리 적발이 힘없는 무관 출신들에게만 향하고 있는 데 대한 경고이다.

이즈음 국가 재정 운용에 가장 큰 곤란은 세금 체납이었다.

뭔 소리야? 우린 해마다 제때 뜯기는걸.

체납했다가 무슨 꼴을 보려고?

제1장 대원군의 개혁

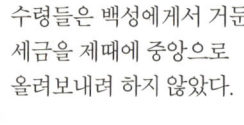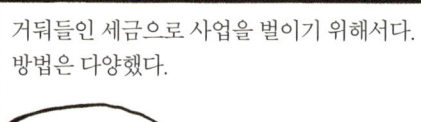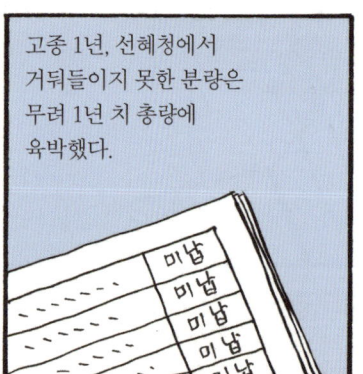

지방 아전 선발과 관련한 폐단.

아전의 직무란 것도 순위에 따라 임명해야 하는데 청탁을 받아 맡기기 때문에

간교한 무리가 서울에 머무르며 청탁질을 하고 있다.

서울에 머물러 있는 지방의 아전들을 좌우 포도청으로 하여 전부 잡아들여 엄히 다스리도록 하라!

유배와 관련한 폐단, 역참의 폐단 등…….

근래엔 유배형을 받은 자들이 마치 공이나 세운 듯이 이르는 곳에서 폐단을 일으키고 있으니 통분스럽다.

뇌물을 받은 유배자와 뇌물을 준 자를 같은 형률로 처벌하라.

세력 있는 자들이 역참의 말을 멋대로 사용하고 있다. 일체 금하게 하라!

기강 확립을 위한 조처들과 함께 제도 개혁도 동시에 추진되었다.

가장 먼저 손댄 곳은 비변사.

세도 가문들이 이곳만 장악하면 권력을 송두리째 틀어쥐어 왕권을 능가할 수 있는 구조.

備邊司

* 역참(驛站): 벼슬아치가 나랏일 때문에 다른 지역으로 갈 때 숙식과 교통수단인 말을 제공하기 위해 설치해놓은 객사.

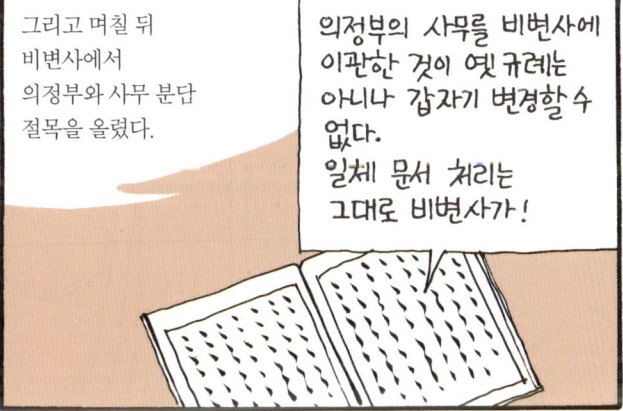

비변사의 기능을 의정부에 합치면서 폐지했다.

이에 앞서 대왕대비는 임진왜란 후 영건하지 못했던 의정부를 새로 짓도록 했는데

이때에 이르러 그 모양을 갖출 수 있게 되었다.

아울러 개국 초의 삼군부도 회복해 비변사의 군사 지휘 업무를 맡도록 했고

법전 정비를 명해 《대전회통》, 《양전편고》, 《육전조례》 등이 편찬되었다.

＊인신(印信): 관청이나 관리가 직무에 사용하는 도장 등을 통틀어 이르는 말.

개혁 또 개혁

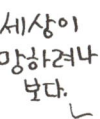

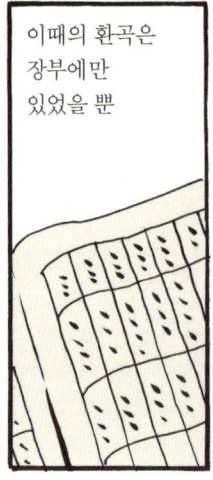

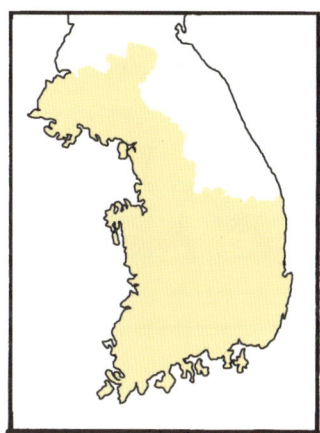

서원을 철폐하다

서원은 숙종조에 들어 크게 늘어났는데

이름 있는 서원들은 지방 관아의 힘을 능가해서 공공연히 행사 경비를 요구하는 등

그 자체가 지방의 권력기관으로 자리 잡아 백성 위에 군림했다.

이에 영조가 더는 서원을 신설하지 못하게 하는 등의 조치도 취했지만

1,000곳이 넘는 서원들이 난립한 채 이때에 이르고 있었다.

비록 세도정치기로 접어들면서 정치적 영향력은 많이 줄어들었지만

마지막 명을 앞두고 왕은 영의정 김병학을 불렀다.

전후해 성상께서 민간에 끼치는 폐단을 걱정해 중첩해 세운 서원을 바로잡으라는 하교가 있었으니 백성을 걱정하는 성상의 생각은 천만 번 지당하시옵니다.

마침내 전국의 서원을 철폐하라는 명이 내려졌다.

사액 서원 47개 소만 남기고!

우르르르……
(집단 멘붕음)

야사에서는 이때 유생들이 울부짖으며 반대소를 올리고 대궐 앞에 엎드려 호소했다지만

《실록》에 그런 기사는 보이지 않는다.

특별히 빼버릴 이유가 없는 것으로 보아

그런 일이 있었다면 기록해서 유생들의 기개를 후세에 알려야지

제1장 대원군의 개혁 53

이때도 유자들은 속으로만 분개했을 뿐, 드러내놓지는 못한 것 같다.

그만큼 서원의 폐단이 막심했던 것이 사실이고

이를 명분으로 틀어쥐고는 단계적으로 철폐의 수순을 밟음으로써 저항할 기회 자체를 봉쇄해버렸기 때문이다.

서원 철폐와 관련한 상소는 뒷날 대원군이 실각하고 나서야 쏟아졌다.

물론 이때도 소극적인 저항은 다양한 방법으로 있었다.

그러나 그마저도 통하지 않았다. 고종 8년 8월의 명이다.

지난번 40여 개소의 사액서원을 제외하고는 모두 철거토록 하라고 명한 지 5~6개월이 지났다. 그런데 여태 보고하지 않은 곳도 있으니 그럭저럭 넘어가려는 계산인가?

나라의 명을 무용지물로 만들려는가? 즉시 거행하지 않은 도백 이하 관리들을 엄히 추고하라!

또 듣건대 서원마다 낭무(廊廡)를 그대로 두면서 강당이라 칭한다 하니 이는 한번 시험해 보려는 계책이다. 선비들이 진정 책을 읽고자 한다면 교궁(校宮: 향교)이 있다.

그런데 수령은 사사로이 허락한단 말인가? 이에 대해 각 도신으로 하여금 일일이 적간해 경계의 뜻을 보이도록 하라.

* 낭무(廊廡): 중심이 되는 건물 아래에 동쪽과 서쪽으로 붙여서 지은 건물.
* 도신(道臣): 그 도의 으뜸 벼슬인 관찰사.
* 적간(摘奸): 죄가 있는지 밝히기 위해 살펴 따져봄.

경복궁을 재건하다

과감하고 거침없이 개혁을 이끈 대원군.
관습과 교리에 크게 얽매이지 않았지만

그 역시도 조선의 유자라는 틀을 벗어날 수는 없었다.

그는 창업의 활기가 넘쳐났던 조선 초기를 개혁 모델로 삼았던 모양이다.

붕당도 세도정치도 없던 시대,

삼정의 문란도 없고

백성에게서 덜 거두었으나 나라는 더 부강했던 시대.

그러나 자원이 말 그대로 '스스로 원한 것'이 아님은 공사 개시 한 달 뒤 대왕대비의 언급에서 드러난다.

제1장 대원군의 개혁

공사는 '원납'으로 경비를 감당할 수 있는
규모가 아니었다.

또 다른 재원이 필요했다.

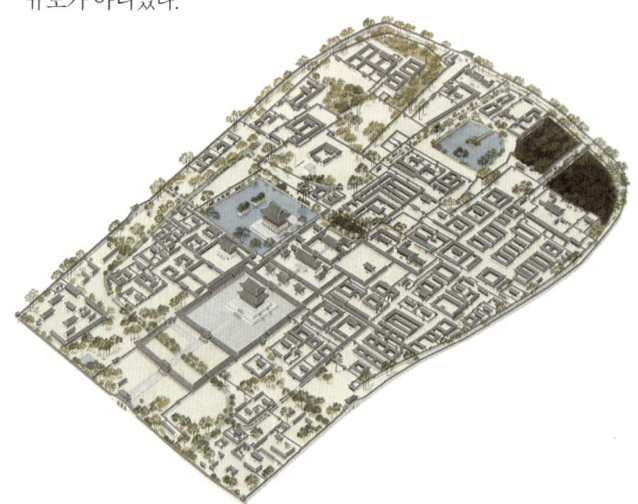

고종 3년 10월, 좌의정 김병학이
건의했다.

당백전, 즉 상평통보 100전과 같은 가치를 가지는
주화의 주조, 사용을 청한 것.

지금 나라의 재정이 고갈된
때에 신의 생각으론
당백전을 주조해 통보와
함께 쓰면 재정을 늘리는 데
도움이 될 것 같습니다.

몇 전의 비용을
들여 100전을
만드니 정부로선
엄청난 이익!

판중추 조두순이 우려를 나타냈다.

화폐는 무릇
무게나 크기를 갑자기
바꿀 때에 백성이
불편하게 여기거나
불신하는 폐단이
뒤따릅니다.

남연군묘
흥선대원군의 아비이자 고종의 할아버지인 남연군의 묘로, 충남 예산군 덕산면 상가리에 있다.
풍수설을 믿은 흥선군이 천자가 나올 자리라는 말을 듣고 이곳으로 이장했는데,
에른스트 오페르트에 의한 도굴 사건이 있었다.

제2장

주화매국의
깃발 아래

척사쇄국

종주국으로 받들던
중국도

문화적으로는 천시하면서도
무력에 대해서는 인정하지
않을 수 없었던 일본도

서양의 군사적 힘 앞에
굴복하고 문을 열었다.

활짝

잦아진 이양선의 출현은
조선에도 조만간 위협을 동반한
서양의 통상 요구가
현실로 나타나리라는
예고와도 같았다.

그리된다면
객관적인 전력상
조선이 그들을
물리치기란
난망해 보였다.

어찌할 것인가?

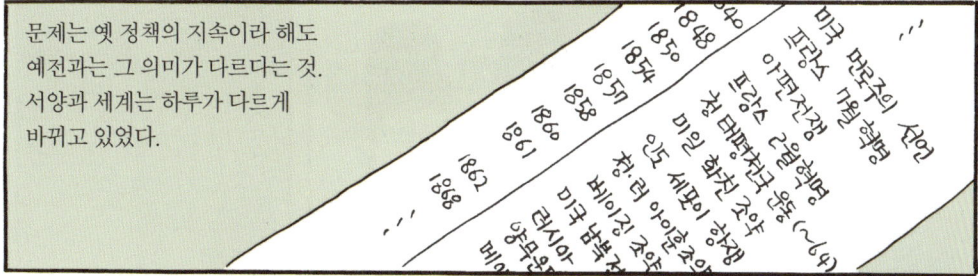

뒤이어 프랑스 주교인 다블뤼 신부를 비롯한 핵심 인사들이 대거 체포된다.

거듭된 박해에도 천주교는 지하에서 세를 넓혀왔다.

파리 외방전교회의 선교도 더욱 적극성을 띠어 이즈음에는 프랑스 신부가 여러 명 들어와 있었다.

신도의 구성을 보면 여성, 하층민 등 천대받는 이들이 주류를 이루었지만

남종삼, 홍봉주 등의 벼슬아치들도 있었다.

또한 신도 중에는 박마르타가 있었는데

그녀는 고종의 유모로, 대원군의 부인에게도 전도했다 한다.

이렇듯 확장된 교세에 교인들은 고무되었다.

"교인 수는 크게 늘고"
"천하의 대원군 합하 부인까지."
"기회에 합법화를 이뤄내면…"

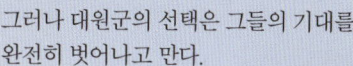

남종삼 등은 대원군에게 이런 내용의 글을 전했다.

북의 러시아가 조선을 노리고 있어 장차 크나큰 위협이 될 것입니다. 조선이 사는 길은 영국이나 프랑스와 친교를 맺고 러시아를 견제하는 데 있습니다.
다행히도 지금 프랑스 선교사들이 우리 땅에 들어와 있으니 그들을 통해 프랑스와 통교하면…

그러나 대원군의 선택은 그들의 기대를 완전히 벗어나고 만다.

……

대원군은 전면적인 탄압의 길을 택했다.

조선 유자의 어쩔 수 없는 한계였을까?

천주학은 사학!

사대부와 완전히 등지는 건 곤란해.

냉혹한 계산에 따른 정치적 판단이었을까?

프랑스 신부들을 비롯해

뻑

남종삼 등 중심적인 인물들이 효수되고

서학 관련 책과 그 판각들이 불태워졌다.

신도들에 대한 색출과 처형은 그 어느 때보다도 강력하고 끈질기게 행해졌다.

까악 끼악 까악

제2장 주화매국의 깃발 아래 73

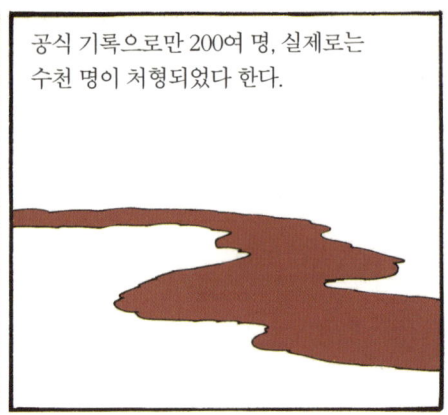

작전은 주효했다. 불은 이내 셔먼호로 옮겨 붙었다.

사로잡은 이들은 묶어 강안으로 데려왔는데

분노한 평양 군민이 남김없이 때려죽였다.

조정은 고무되었다.

이번 서양의 흉악한 무리가 대동강에 침입해 우리 부장을 잡아다 억류하고 백성을 죽이기까지 했다.

못된 놈들이 사납게 날뛰는 것에 대해 본래 피 흘리며 싸울 것도 못 되지만 죄악을 쌓은 것이 스스로 천벌을 받을 지경에 이르렀다.

평안 감사 박규수에게 가자하고
:

병인양요

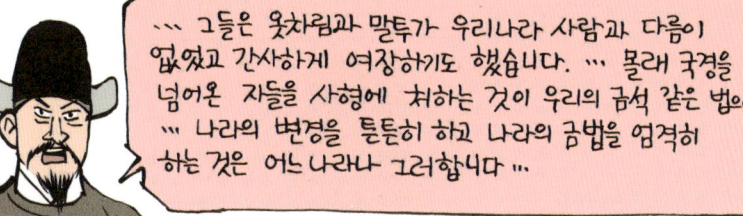

선발대 두 척이 한강을 거슬러 서울 가까이로 접근하자 조선은 긴장에 휩싸였다.

부호군 기정진은 결연한 척화 상소를 올렸다.

지금 이미 온 자들이 상륙해 흉포한 행동을 하지 않는다고 보장할 수 없으며 후에 오는 자들이 있을지 없을지, 있다면 그 수는 얼마나 될지도 전혀 예측할 수 없나이다.

요컨대 흉포한 행동을 할지 안 할지는 저들에게 달려 있고 그들의 병란에 잘 대처하는가는 전적으로 우리에게 달려 있사옵니다.

"… 그들의 탐욕은 우리를 자신의 속국으로 만들고 우리 산하를 자신의 것으로 삼으며 우리의 백관을 노복으로 삼는 것입니다. 우리의 소녀들은 잡아갈 것이고 우리 백성은 금수로 만들어버릴 것입니다.

통상의 길이 한번 트이면 2~3년 안에 전하의 백성은 서양화되지 않은 이가 없을 것이옵니다 …"

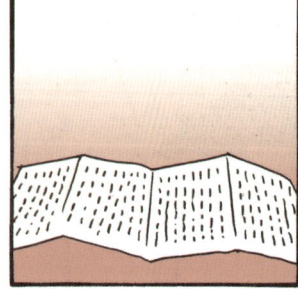

계속해서 기정진의 소는 서양 물건을 모아 불태울 것과 외교적, 군사적 대비를 잘할 것 등을 담고 있는데

이는 당시 유자들의 공통된 심정이자

조정의 뜻이기도 했다.

순무영이 프랑스 함대로 글을 보냈고, 프랑스군은 답서를 보내왔다.

우리는 그동안 먼 나라 배가 표류해오면 오랜 우호관계에 있는 듯이 배고프다면 음식을, 춥다면 옷을, 아프다면 약을 제공해 왔다. 그러나 몰래 들어와 우리 옷을 입고 우리말을 배워 우리 백성과 나라를 속인다든지 우리의 예의, 풍습을 어지럽힌다면 반드시 죽인다.
⋮
(우리는 지금) 천만의 대병을 거느리고 나와 하늘의 이치를 받들어 토벌의 뜻을 펴려 하고 있다.
그대들은 달아나지 말고 미리 숙여 우리의 명을 듣거라.

⋯ 나는 본래 황제 폐하의 명을 받고 우리나라 백성을 보호하려 이곳에 왔다. 올해 무고하게 살해된 이들은 우리나라 전교사들이다.
⋮
이에 우리는 불인, 불의한 조선을 징벌키로 하였으니 귀 기울여 명을 따르지 않는다면 조금도 용서치 않을 것이다.
1. 전교사를 살해한 데 대해 밝힐 것.
2. 전권대신을 보내 직접 만나 조약을 확정할 것을 요구하고
만약 명을 받들지 않으면 너희에게 횐란을 안길 것이니 너희 백성이 지난을 당하는 근원이 될 것이다.
그때 가서 미리 말해주지 않았다고 탓하지 말라.

이어 프랑스군은 문수산성을 공격해 파괴하고는

처절히 맞서 싸웠지만 화력의 차이가 워낙 커서 ⋯

제2장 주화매국의 깃발 아래 83

조선군을 얕본 프랑스군은 어디든 거침없이 다녔다.

그들은 정족산성을 찾아와 지형을 살핀 뒤

이틀 뒤 일군의 병사를 이끌고 점령할 목적으로 다시 찾아왔다.

대포도 없이 술과 음식 등 짐들을 꾸려 여유 있게 찾아온 것.

정족산성 수성장에 임명된 양헌수는

포수들로 구성된 군대를 매복시켰다가

일제 사격을 명했다.

남연군묘 도굴 사건

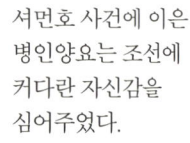

서면호 사건에 이은 병인양요는 조선에 커다란 자신감을 심어주었다.

앗싸!

비록 무게는 열세지만 우리가 단결해 결사전의 자세로 싸우면 양이도 능히 물리칠 수 있다는!

우리는 동방 유일, 아니 세계 유일의 예의의 나라!

앞으로도 쭈———욱 우리는 우리 길을 간다!

최근 겪은 일을 일본에 알려주는 글을 보냈는데

어디까지나 이웃 나라의 우정으로다가

겸손한 어법을 쓰고 있지만, 보낸 취지도 내용도 결론은 자랑이다.

우리 나라로 말하면 오랫동안 태평스럽게 지내 군정은 해이해지고 방비는 허술해져서 장구한 계책을 써서 놈들을 제압해 하찮은 적선들을 돌아가지 못하게 하지 못했습니다.

비록 2~3차례의 싸움에 이기고 다소나마 적들을 섬멸하긴 했지만 진실로 무력을 크게 떨쳐 적들을 두렵게 하진 못했습니다.

한편 이때 외교가의 정보를 취합한 청나라가

프·영·미 등의 동향을 알려주는 한편, 자신들이 겪었던 경험을 살려 조선에 권고의 글을 보내왔는데

이에 대한 답변에서도 조선의 자부심은 확인된다.

이미 군사 행동을 했으니 화해를 하자면 반드시 배상금 문제가 나올 것이오. 세 나라가 협력하는 형세로 통상, 선교, 배상의 일을 떠져올 게 틀림없으니 대책 마련에 만전을 기해야 할 것이오.

저 프랑스인들은 느닷없이 들어와 성을 불사르고 재화를 약탈해 갔습니다. 포악한 도적의 무리와 다를 바 없으니 통상이 이런 것이며 선교가 이런 것이겠습니까?
…
우리 나라에서 배상을 요구함은 옳을지 모르나 우리나라에 배상을 요구하는 것은 있을 수 없는 일입니다.

서양 물품의 사용을 엄금하는 한편

저들 물건을 쓰지 않으면 저들이 와서 교역하자고 소란 떨지도 않을 터.

천주교에 대한 탄압도 더욱 강화되었다.

서양 배가 먼바다를 건너 와 제멋대로 침략한 것은 내부의 호응자가 있기 때문입니다. 이들에 대한 수색, 체포를 다그치고 매달 말에 보고케 하소서.

그리하여 20인 이상 체포한 자에겐 승진 등의 상을 내리소서.

그렇게 하라!

애꿎은 피해자도 속출했다.

난 아니오.

어디서 오리발이야? 얼굴에 십자가를 새기고 다니는 주제가.

이게 무슨 십자가요? 이건 가위표…

어라?

스가

한편 탄압을 피해 조선에서 탈출한 신부로는 페롱도 있었다.

로즈 제독의 원정도 별 성과 없이 끝나버리고……

아직도 조선 땅에선 수많은 우리 신도가 박해로 죽어가고 있는데 정녕 아무런 길이 없단 말인가?

페롱 신부는 오페르트라는 유대계 독일 상인을 만났다.

장사꾼 이전에 난 학자입니다. 인류학자.

10년 넘게 아시아에서 지내고 있는데 아직도 문이 닫혀 있는 조선에 대해 관심이 아주 많습니다.

재작년에만 세 차례나 조선을 찾아가 측량을 하며 통상을 요구했지만 거절당했죠. 조선에서의 천주교 합법화에 관심이 많으시죠?

맞다마다요. 가능만 하다면 어떤 노력이든 해볼 생각입니다.

오페르트와 페롱, 그리고 조선인 신도들은 머리를 맞대 기발한 작전을 세웠다.

뭔가 좀 다른 방법을 찾아 봅시다.

대원군이 응하지 않을 수 없는?

그런 거라면

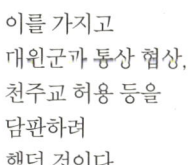

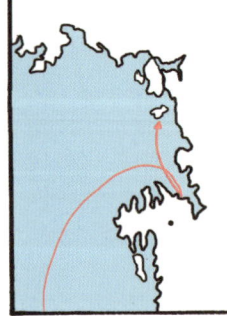

본래는 여기까지 관을 가져오려 했으나 과도한 것 같아서 그만두었습니다.
이 어찌 예의를 중시한 도리가 아니겠습니까? 아무렴 우리가 그깟 석회를 부술 장비가 없었겠습니까?
힘이 모자라 그만두었으리라 오해하면 안 될 것입니다.

귀국의 안위가 귀하의 처리에 달려 있으니 만약 나라를 위하는 마음이 있다면 대관을 뽑아 보내 좋은 대책을 강구하는 편이 좋을 것입니다.

만일 결단하지 못하면 나흘 뒤 우린 돌아갈 것이고 몇 달이 지나지 않아 위태로운 상황을 당하게 될 것이니 오쯔록 후회하는 일이 없도록 하면 다행이겠습니다.

수군제독 오페르트

《실록》에 그 내용이 실린 것으로 보아 편지는 복사되어 대원군에게도 전해졌겠지만

답변은 영종 첨사가 했다.

우리 대원군 합하께서는 지극히 공경스럽고 존엄한 위치에 있소. 이런 글을 어찌 전달하겠소? 그래서 돌려보내오.
⋮
일이 이 지경에 이르렀기에 우선 귀국과는 한 하늘을 이고 살아갈 수 없다는 것을 다짐할 뿐이오.

몇 달 뒤 전선이 온다 해도 우리는 방비할 대책이 있소.

영종 첨사 신효철

이에 그들은 상륙해 성을 에워싸고 성문을 열라고 큰소리쳤다.

영종 첨사는 사격을 명했고

오페르트 일당은 2명의 사망자를 뒤로하고 도주했다.

죽은 마닐라인 2명은 성문에 효수되었다가

서울로 보내졌다. 영종 첨사 신효철은 특진했을 뿐 아니라 상까지 두둑이 받았다.

남연군묘로 안내하고 삽질에도 가담했던 신도들은 3년 뒤 붙잡혀 능지되었다.

신미양요

아비의 무덤까지 도굴하는 서양 세력에 대한 대원군의 배척 의지는 더욱 강고해졌다.

그런데 그 후 2년여 동안 서양 세력에 의한 이렇다 할 소란이 없었다.

이사이 대원군은 경복궁 중건을 마무리하고 서원을 철폐했다.

신미년인 고종 8년에 들어서 대원군은 해안 방어에 더욱 힘을 쏟기 시작했다. 포대를 건설하고

곳곳에 포군을 설치했다.

이해 2월,
미국 사신이 청나라를
통해 편지를
보내왔다.

1866년 우리 상선 2척이 귀국에 들어갔는데 그중 한 척은 사람도 죽고 물건도 없어졌다 합니다. 그 원인을 알고 싶으니 함께 의논해 밝히고 교섭해 화목하게 지냅시다.

제너럴셔먼호 사건을
함께 조사하자는 것과
조약을 맺자는 내용.

조선은 통상에 응할 수 없는 이유를
청나라에 설명하면서 미국 측에
잘 설명해달라 청했다.

전해 들은
미국은 물론
들은 척도
않았다.

이에 미국은 조선 측에 통보하고 군함 5척에 해군 1,200여 명을 싣고 상하이를 출발했다.

조선 해안에 다다른 그들은 북상하며 거듭 글을 보내왔다.

우리는 미국 배로 조약을 체결하러 왔소. 높은 관리를 협상 대표로 내보내시오. 조약이 체결될 때까지 떠나지 않을 것이오.

손돌목으로 들어서자

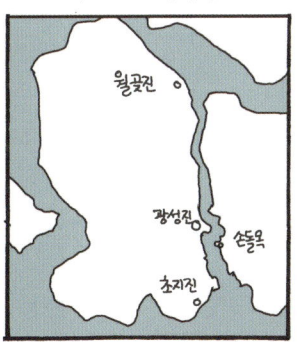

광성진에서 대포를 쏘았다.

꽝 꽝 꽝

이에 미군 측이 광성진과 손돌목을 향해 대포를 쏘았다.

콰콰쾅 쿠앙

뭐야? ㅋㅋ

제2장 주화매국의 깃발 아래 99

외교적으로 해결하기 위해 대원군이 글을 보냈고,

귀선이 요새지 어귀까지 깊이 들어온 이상 변경을 지키는 신하로선 그 임무가 방어인데 어찌 가만 있을 수 있었겠습니까?

우리가 외국과 교통하지 않는 것은 500년 동안 지켜온 확고한 법도입니다.
동양과 서양은 각기 자기 정치를 잘하고 자기 백성을 안정시켜 화목하게 살아가며 서로 침략과 약탈이 없도록 하는 것이 천지의 마음입니다.

풍파만리에 고생했을 것입니다. 변변치 못한 물품이나 여행의 음식물로 쓰도록 도와주는 것은 주인의 예절이니 사양 말고 받아주기 바랍니다.
이만 줄입니다.

미군 측이 답서를 보내왔다.

편지를 보니 우의를 가지고 협상할 의사가 없다는 것을 알 수 있었습니다.
이유 없이 공격한 일에 대해 잘못을 책망하지 않고 도리어 비호하며 응당 해야 할 일을 한 것처럼 말하고 있습니다.
우리는 포를 쏜 행위가 망동에서 비롯된 것으로 이해합니다. 귀 조정이 이를 잘 알고 책임을 벗어나려 한다면 높은 관리를 보내 협의하는 것이 좋겠습니다.

보내준 진귀한 물건을 받고 은혜와 사랑을 충분히 알 수 있었으며, 무어라 감사드려야 할지 모르겠습니다. 그러나 감히 마음대로 할 수 없어 보내온 예물은 돌려보냅니다.
이같이 답합니다.

며칠 후 미군은 광성진을 공격했다. 성채는 이내 허물어졌다.

어재연이 이끄는 조선군은 죽기 살기로 맞서 싸웠지만

상대가 되지 않았다.

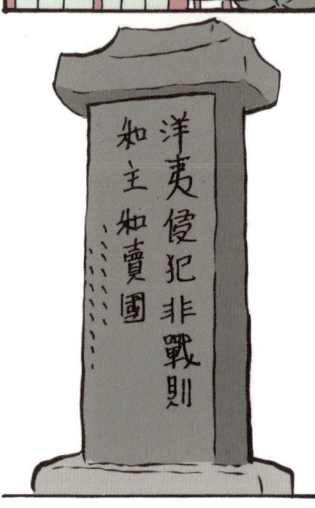

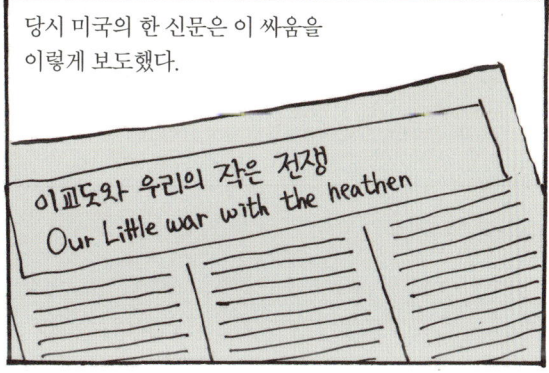

운현궁 노안당
서울시 종로구에 소재한 운현궁의 사랑채이다. 대원군 섭정 시절 주요한 개혁 조치들은 사실상 거의 이곳에서 결정되었다. 편액은 추사 김정희의 글씨를 집자해 만들었다고 한다.

제3장

대원군의 실각

성공과 실패

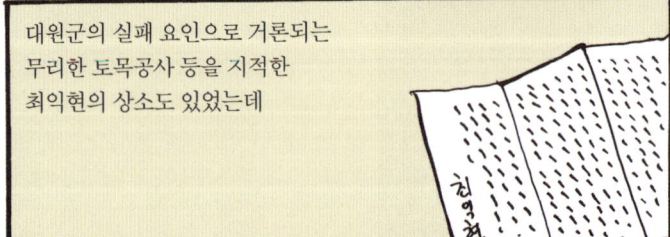

이는 고종 5년 10월의 일이다. 내용을 살펴보자.

첫째는 토목공사를 중지하는 일입니다. 임금의 금신무는 덕업에 있지 공사를 일으키는 데 있지 않습니다. 아직 시작하지 않은 공사를 모두 정지시켜 백성의 수고를 덜어주어야 합니다.

둘째는 세금을 가혹하게 거두는 정사를 그만두는 일입니다. (이하에서 원납전의 혁파를 청.)

셋째는 당백전을 혁파하는 일입니다 …
넷째는 문세를 혁파하는 일입니다 …

고종 10년의 상소는 전혀 다른 내용인데, 묘하게도 이때 지적된 내용이 대원군의 실각과 실패의 원인으로 설명되곤 한다.

고종 5년의 상소는 일면 시의적절한 지적인데

고종 5년의 판단으로 고종 10년의 실각을 설명한다?

고약하긴 하지만 뜨끔하군

그의 소를 비판한 사간 권종록의 소 또한 나름의 타당성을 지닌 지적이라 하겠다.

지금 공사가 거의 마무리되어 가고 있고 전정도 바로잡히기 시작했는데 새삼스럽게 장황스레 늘어놓으며 한사가 급한 듯 썼으니 한바탕 웃음거리가 되기에도 부족합니다.

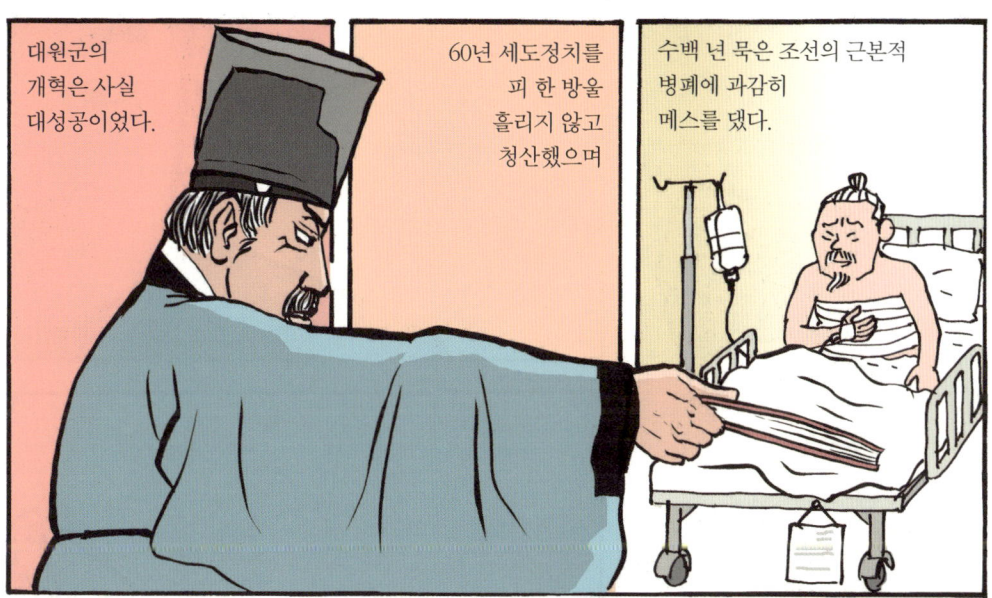

대원군의 개혁은 사실 대성공이었다.

60년 세도정치를 피 한 방울 흘리지 않고 청산했으며

수백 년 묵은 조선의 근본적 병폐에 과감히 메스를 댔다.

개혁군주로 평가되는 영조나 정조가 이루지 못한 일들이다.

물론 시대 상황은 다르지만, 그때는 폐단이 덜했다는 식으로 말하지 말자.

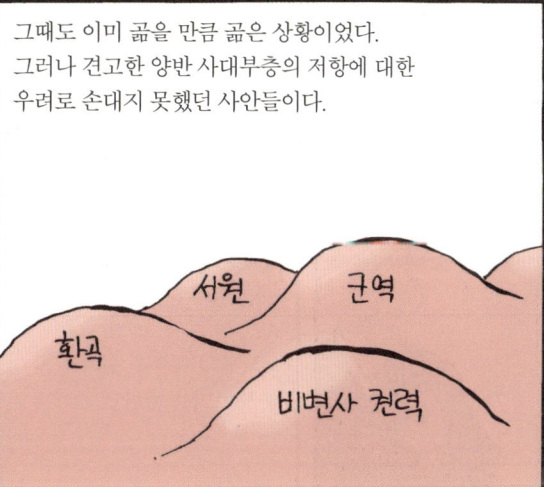

그때도 이미 곪을 만큼 곪은 상황이었다.
그러나 견고한 양반 사대부층의 저항에 대한 우려로 손대지 못했던 사안들이다.

대원군의 성공 요인은 무엇일까?
첫째, 그의 리더십을 들 수 있다.

대원군은 야인 시절부터 나라의 폐단들에 대해 충분히 살피고 개혁할 방도를 준비해왔다.

마침내 권력을 손에 쥐게 되자 준비해온 구상에 따라 전격적으로 해치워나갔다.

《풍운한말비사》의 윤효정은 대원군을 이렇게 표현했고

5척 단구이나 온몸이 담력덩어리!

《한국통사》의 박은식은 또 이렇게 말하고 있다.

대원군은 용맹하고 과감하며 번개처럼 빠르고 변통에 능해 … 참으로 정치상 대혁명가라 할 수 있다.

사실 비변사 폐지, 경복궁 중건, 호포제, 서원 철폐 등은 어느 한 가지도 기득권의 저항을 우려해 눈치 보기를 했다면

호포제도 괜찮지 않을까?

뭐라?

비변사가 폐지되도 별 문제가 없지 싶은데…

대원군은 기득권층이 전열을 정비할 틈을 주지 않고 명분을 앞세워 전격적으로 해치워나갔다.

저벅 저벅 저벅 저벅

서원 병폐, 군역 폐단, 의정부는 간판만

이대론 안 된다!

역풍에 밀려 실패했을 사안들이다.

호포제 세금 폭탄 양반들 다 죽는다

양이가.. 비변사를

서원이 없으면 조선이 아니다.

비변사가 없어지면 나라가 망한다.

우리가 상민이냐 호포제가 웬말인가?

비변사 폐지, 만동묘 폐지, 경복궁 중건의 명이 불과 5일 사이에 나온 것이고

비변사를 의정부에 합설하고...!

만동묘 제사를 폐하라

경복궁을...!

아이고 정신 없어

양요의 와중에도 경복궁 공사를 독려했다. 대원군 집권기의 연표를 들여다보라. 얼마나 숨 가쁜 전개인가?

〈고종2〉
2.9 의정부 청사 신축 명
3.28 비변사 폐지
3.29 만동묘 제사 폐지
4.2 경복궁 중건 명

〈고종3〉
1.5 병인박해 시작
2.13 수렴청정을 거두다
7.21 제너럴셔먼호 격침
10.3 정족산성 전투

〈고종4〉
6.11 사창 설치

〈고종5〉
4.21 남연군묘 도굴 사건
7.2 경복궁으로 이어

〈고종6〉
1.2 종실 관제 개혁

〈고종7〉
호포제 실시

〈고종8〉
3.20 서원 철폐
4.28 신미양요 마무리

〈고종10〉
10.25 최익현 상소

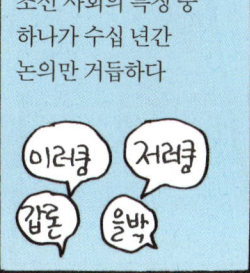

조선 사회의 특징 중 하나가 수십 년간 논의만 거듭하다

이러쿵 저러쿵 갑론 을박

용두사미로 끝내는 것인데, 이에 비춰보면 대원군의 개혁이 더욱 빛을 발한다.

그의 개혁이 100년 전, 아니 몇십 년 전만 됐어도 민생을 추스르고 국력을 키울 토대가 되었겠지만

때는 바야흐로 19세기 후반!

미리 준비가 안 돼 있었더라도 일전을 겨뤄본 병인양요에서 방향을 돌려야 했다.

명백한 전력 차이, 기술 차이가 확인되지 않았던가.

고성능 대포로 무장한 거대하고 빠른 증기선.

사정거리, 정확성, 파괴력 등에서 상대가 안 되는 총과 대포,

곧장 척화의 기치를 내리고 개항의 깃발을 올릴 수야 없었다 해도

그것이 대단한 성공을 허무한 실패로 전락시키고 말았다.

아들 임금과 며느리 중전

열두 살 고종이 즉위식을 갖자 대왕대비는 언문 훈계를 내렸더랬다.

예로부터 훌륭한 제왕이나 명철한 임금들은 흔히 민간에서 태어나 성장했으므로 민간의 사정을 잘 알고 있었다고 합니다.

주상은 영특하고 영민한 품성을 타고났으며 지난날에 보고 들은 일들을 기억하고 있을 것입니다. 옛일을 배우고 견문을 넓혀 근신, 노력, 절약의 덕을 갖추려면 오직 부지런히 배움에 힘써야 합니다.

소년 임금은 대왕대비의 가르침대로 부지런히 배움에 힘썼다.

나랏일은 아버님께서 잘 하고 계시니 나는 열심히 배워 훌륭한 임금이 되어야지.

고종 2년, 열네 살 임금이 말했다.

의정부 청사가 중건되면 편액은 친히 써서 내리겠다.

다시 나이를 더하고
어느덧 스물을 넘기면서
왕은 당연히 '진짜 친정'을
꿈꾼다.

그러나 아비는
물러날 기미를
보이지 않고

신하들은 아비만 쳐다본다.

불만은 쌓여갔지만
별다른 수가 보이지 않는다.

이때 강력한
조력자가
나타나는데

바로
중전이었다.

제3장 대원군의 실각

삼간택은 단지 구색 갖추기였다. 단독으로 삼간택 후보에 올라 낙점되어서는

민치록의 딸을 배필로 삼으려 하는데 경들의 뜻은?

경하드리옵니다.

열여섯의 나이에 한 살 어린 고종과 혼례를 치른 중전 민씨다.

그런데 결혼 초 그녀는 고종의 사랑을 받지 못했다.

왕은 궁인 이씨를 사랑했고

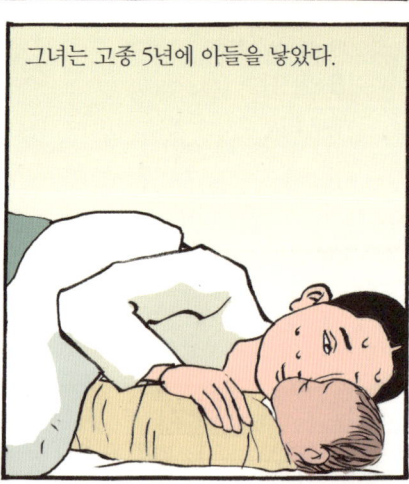

그녀는 고종 5년에 아들을 낳았다.

야사는 대원군이 이 아이를 세자로 삼으려 해서 중전과의 갈등이 시작되었다 한다.

중전의 나이 스물도 되지 않은 시점에서 대원군이 그런 무리수를 두었을 것 같지는 않다.

불만분자들

대원군의 독주에 불만을 품은 건 왕만이 아니었다.

대원군의 친형인 흥인군 이최응. 호위대장 등을 맡기도 했지만 성에 차지 않았다.

쳇! 이까짓 거.

어쩌면 왕위 계승 과정에 쌓인 불만이 작용했을 수도 있겠다.

내가 저보다 형이고.

따라서 엄밀히 말하면 후사 결정권이 내게 있었던 거 아냐. 그랬다면 내 아들이 보위를 이었을 수도 있고…

이런 일도 있었다. 고종 8년 1월, 왕은 성균관 유생들 중 선과들을 대상으로 시험을 보고

사표가 수리되지 않자 며칠 뒤 다시 사직소를 올렸는데, 이번에는 만동묘 제사 복구가 핵심 요구사항이었다.

척사에는 동의했으나

대원군의 여러 개혁에는 동의할 수 없었던 양반 사대부의 뜻을 대변한 것이다.

그리고 앞서 본 대로 그의 제자 최익현은 고종 5년에 대원군의 개혁 정치에서 나타난 부정적인 면을 전면적으로 거론한 소를 올렸다.

그의 소에 사대부들은 통쾌해했고, 그만큼 최익현의 명망은 높아졌다.

최익현의 소

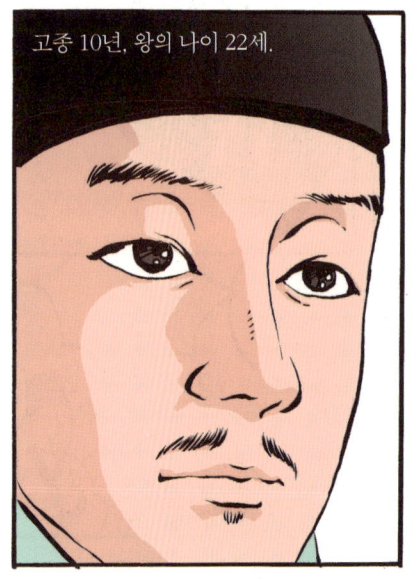

고종 10년, 왕의 나이 22세.

윤6월, 광주 유생이 이런 소를 올렸다.

(여러 개혁 조치의 성공은) 모두 우리 전하께서 위에서 시행하시고 또한 대원군이 앞에서 진달했기 때문입니다.

신들이 생각건대 대원군은 나이와 덕이 모두 높을 뿐 아니라 위정척사의 큰 공적에 대해서도 모두가 우러러 감복하고 있나이다.

비록 대원군이란 작호도 온 나라 사람이 공경스럽게 받드는 바이나 '대로'라는 두 글자를 붙여 우러르는 사람들의 바람에 부응하소서.

왕은 즉각 받아들였다.

몇 해 전 양요 때 대원군이 결단을 내려 정도를 옹호하고 사악함을 배척한 큰 공로는 후세에 가서도 떳떳이 말할 수 있다.

그러니 이번 요청은 응당 그대로 따라야 할 것이다.

대로(大老)는 《맹자》에서 백이, 태공을 일러 '두 노인은 천하의 대로다'라고 한 데서 나온 표현으로

지금껏 대로의 칭호를 받은 이는 송시열뿐이었다.

그러나 이제 대원군이 대로로 불리게 됨에 따라 송시열을 모신 여주의 '대로사'는 '강한사'로 이름을 바꾸게 된다.

대로라는 칭호가 더해진 것은 절정의 대원군을 표현하기에 합당해 보이지만

"대로 대원군 합하!"

묘한 여운을 담은 표현이기도 하다.

"크게 늙었다 이거지?"
"늙으면 죽… 아니고 그만 물러나야."
"달도 차면 기우는 법."

10월 25일, 마침내 문제의 최익현 소가 올라왔다.

최근의 일들을 보면 정사에선 옛법을 바꾸고 인재를 취함에 있어서는 나약한 사람만을 채용하고 있습니다.
대신과 육경은 아뢰는 의견이 없고 대간과 시종들은 일 벌이기 좋아한다는 비난을 피하고 있나이다.
그리하여 조정엔 속된 논의가 마구 떠돌고 정당한 논의는 사그라져 없으며 아첨꾼들이 뜻을 펴고 정직한 선비는 숨어버렸습니다.
그칠 새 없이 받아내는 세금에 백성은 어육이 되어버리고
(賦斂不息 生民魚肉)

의리와 윤리는 파괴되고 선비의 기풍은 무너지고 있나이다.
(彝倫斁喪 士氣沮敗)
이륜두상

나라를 위해 일하는 사람은 괴벽스럽다 하고 '개인'을 섬기는 사람은 처신을 잘한다 하고 있습니다. 이런 결과로 천재지변이 일어나며…

야사에서는 이 상소가 기획된 것이라 설명한다. 왕과 왕비는 현 체제를 준엄히 비판해줄 이가 필요했고

그리되면 자연히 책임은 대원군에게 돌아가게 될 것입니다.

그렇다면 누가…

최익현이라면?

아!… 적격입니다.

민승호를 보내 최익현을 부추겼다는 것이다.

강직한 성격의 최익현이 과연 그런 요청에 응했을까?

최익현이 스승 이항로와 마찬가지로 대원군의 개혁에 강한 불만을 갖고 있다는 사실과

상소를 받아본 왕의 반응을 보건대 기획설은 사실일 가능성이 짙어 보인다.

그대의 상소는 가슴속에서 우러나온 것이고 또 내게 경계를 주는 말이 되니 참으로 가상하다. 그대를 호조 참판에 제수한다.

그리고 이렇게 정직한 말에 대해 다른 의견을 내는 이가 있다면 소인이 됨을 면치 못할 것이다.

상소에서 지적당한 대신, 삼사가 인혐해 물러났다.

형조 참의 안기영은 '소인됨'을 택했다.

(최익현은) 대소 신료를 일망타진하고 꼬리를 감춘 채 음흉한 기도를 실행시키려 했습니다.

왕은 최익현을 적극 옹호했지만

양심이 있다면 어찌 충신을 이렇게 질시할 수 있단 말인가?

대다수의 신하는 그 반대였다.

최의 소는 구체적인 지적이 없이 두루뭉술하게 말했으니 사리에 어긋납니다.

이른 바 상은 또 무엇을 말함입니까?

제3장 대원군의 실각 131

성균관 유생들도 최의 상소에 반발해 권당했다.

왕은 최익현 비판 소를 올린 이들과 권당의 주모자를 극변에 유배하는 것으로 응대했다.

논란이 계속되자 최익현이 더욱 구체적인 지적을 담은 소를 올렸다.

현재의 문제를 진단하고 그 해결을 청하면서

왕과 왕비가 듣고자 했던 이야기를 꺼낸다.

이 성헌을 변란시키는 몇 가지 문제는 실로 전하께서 아직 정사를 돌보지 않던 시기에 생긴 일이니 전하께서 초래하신 것이 아닙니다. ……

전하께오선 지금부터 임금의 권한을 발휘하시고 침식을 잊을 정도로 깊이 생각하시고 부지런히 일하십시오.
의혹이 없는 원칙을 세우시고 덕을 수양하는 책임은 정승들에게 맡기시고 임금의 부족한 점을 도와주고 잘못을 바로잡아주는 책임은 사헌부, 사간원에 맡기십시오. 임금을 위해 토론하고 …는 유신에게 맡기시고 … 절도사에게 맡기시고 … 감사에게 맡기십시오.

다만 '그 지위에 있지 않고 종친의 반열에 있는 사람'은 그 지위만 높여주시고 녹봉은 후하게 주시되 나라의 정사엔 관여하지 못하게 하소서.

꿀꺽

날개 잃은 대원군

최익현이 말한 귀신의 후사 이야기는

전년도인 고종 9년에 있었던 다음의 조치에 대한 유학자로서의 문제 제기이다.

후손이 없는 대군, 왕자군, 죄명에 죽은 종친들에게 후사를 세워 주도록 하라.

그리고 당백전에 이어 경제를 혼란시키고 있는 호전 문제를 거론한 것을 제외하면

胡錢
(청나라 돈)

기득권을 잃은 양반 사대부들의 주장과 다름없고

만동묘 복구!
서원 복구!

특히 노론의 요구를 강하게 담고 있다.

만동묘 복구!
역적 사면 취소!

대원군은 정도전을 필두로 역적의 죄명을 받은 이들을 무수히 사면했다.

홍계희 김양택 김종수
김달순 김한록 김관주
이남 이하전 목내선
김상로 이현일 등등

최익현은 이를 비판하면서 그 해결책으로 구체적인 취소 대상자를 거론했는데, 숙종조에 죄받은 이현일, 목내선 등 3인이다.

정조기의 김상로, 김귀주, 김달순 등 숱한 노론 인사의 사면은 문제 삼지 않고

굳이 남인인 이현일, 목내선만…

이런 것보다 역시 상소의 핵심은 대원군의 섭정 중지 요구였고

그 지위에 있지 않고 종친의 반열에 있는 사람

바로 그 때문에 온 조정이 경악했다.

거… 겁도 없이…

대신 이하가 즉각 최익현의 국문을 청했다.

최익현은 사람들의 시비가 격렬히 일어나 흉악한 죄상을 규탄하자 다시 이것저것 끼워 넣어 자신의 죄를 변명했습니다.

이륜두상 네 글자는 실로 신하로서 할 수 없는 말이며 아랫부분의 흉언은 인륜의 큰 변괴이옵니다.

그런데

서둘러 유배를 보내버린다.

그의 공초를 받아보니 시골 사람이 뭘 몰라서 그런 것뿐이다. 더는 심문할 것 없으니 최익현을 제주에 위리안치하라.

약간의 반발이 있었지만 그렇게 상황은 정리되었다.

대원군 관련 부분은 문제 삼지 않고?

!!!

신하들이 더는 반발하지 않은 것은 곧 대원군에 대한 왕의 승리를 인정했기 때문이라 하겠다.

평화적인 정권 교체!

자식 이기는 아비 없는 법

그게 이럴 때 쓰는 말이 아니잖아

마냥 어리게만 봤던 아들에게 제대로 한 방 먹은 대원군.

아들의 뒤에 중전이 있다는 것도 알았다.

고얀...

제3장 대원군의 실각 137

그 때문에 어느 누구도 자신에게 엇서거나 등 돌릴 수 없으리라 여겼는데,

그만큼 권력도 영원할 줄 알았는데

한순간에 모든 것이 허물어졌다.

무엇이 상황을 이렇게 만들었을까?

무리한 토목공사에 따른 민심 이반?

못살겠다

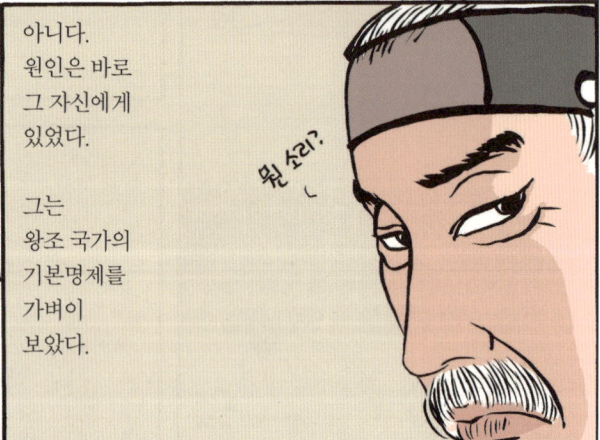

서원 철폐 등으로 인한 사대부의 반발?

갈아보자

아니다. 원인은 바로 그 자신에게 있었다.

그는 왕조 국가의 기본명제를 가벼이 보았다.

뭔 소리?

초지진
숙종 시절 해안 방어를 위해 조성되었다. 신미양요 때 미군에 의해 점령당했는가 하면,
일본 군함 운요호의 포격에 파괴되기도 했다. 1975년 현재의 모습으로 복원되었다.
인천시 강화군 길상면 초지리 소재.

제4장

개항

친정하는 고종

친정 후 100여 일이 지났을 즈음 왕과 왕비가 고대한 원자(뒷날의 순종)가 태어났다.

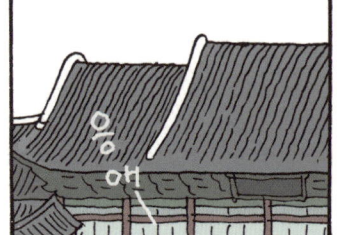

마치 자신의 친정에 대한 축복으로 여겨졌으리라.

대원군 섭정 시절 존재감이 희미했던 왕이지만

친정을 하게 되자 사뭇 달랐다. 논의에 주도적으로 임하는가 하면

단호함이 요구될 땐 단호했다.

그리고 제법 세련된 정치를 선보였다. 먼저 인사를 보자.

대원군과 사이가 좋지 않았던 이유원을 영의정에 제수하고

뒤이어 이최응, 김병국 등 대원군 섭정기의 불만분자들을 정승으로 발탁했다.

또한 잊혔던 안동 김씨 병 자 돌림들이 다시 눈에 띄긴 했지만

적어도 겉보기에 물길이 뒤집힘의 파격적인 변화는 아니었다.

심지어 대원군 시대의 상징 같은 인물들이 자리를 유지하거나 오히려 발탁되기도 했다.

그 때문에 조신들은 자연스레 고종의 친정체제를 받아들일 수 있었다.

그렇게 민씨에게 힘이 실렸다.

그 선두에는 대원군 실각을 막후에서 추진했다고 알려진 왕비의 양오라비이자 대원군의 처남인 민승호가 있다.

세도정권 때처럼 순식간에 그에게 힘이 쏠렸다.

그러나 그의 세도는 고작 1년밖에 가지 못했다.

아들의 병을 치료하기 위해 기도하던 중이 가지고 온 것이라고도 한다.

제4장 개항 151

여는 순간 상자가 폭발했다. 민승호와

다섯 살 난 그의 아들,

양모까지 폭사했다.

한순간에 왕비의 친정 식구가 모두 비명에 간 것이다.

대원군 측의 소행이란 소문이 떠돌았고, 또 그렇게 소문이 날 것을 예상하고 다른 이가 꾸민 것이란 소문도 떠돌았다.

물론 왕비는 전적으로 대원군이 벌인 일이라고 받아들였다.

양이 일본

서원 복구 주장에는 단호히 반대했다.

사실 양반 사대부들의 생각은 이랬다.

그 밖에도 몇몇 서원에 대한 복구 요구가 이어졌지만

들어주지 않았다.

대원군 정치의 상징과도 같은 척사, 쇄국정책도 이어받았다.

반면 이미 개항한 이웃의 일본은 격변의 과정을 거쳤다.

도쿠가와 막부는 미일화친조약 후 빠르게 개화의 길로 나섰다.

영국, 네덜란드, 러시아, 프랑스 등과도 연이어 조약을 맺었다.

강무소를 설치해 서양식 군사훈련을 실시하는가 하면, 총포 제작소를 세웠으며

서양에 유학생을 파견했다.

해군전습소를 열어 항해, 조선, 포술, 측량술 등을 익혔으며

그 결과 이미 1860년에

제4장 개항 155

미일수호통상 사절단이 미국으로 떠날 때 사절단을 수행하는 군함으로 네덜란드에 의뢰해 제작한 목조 증기선을 사용했는데

일본인이 직접 조종해 미국까지 갈 수 있었다.

그런데 외세의 위협을 마주한 일본에서는 위기감과 함께

존왕양이론이 득세했다.

존왕양이론은 자연스레 반막부운동으로 이어졌다.

"천황 폐하를 높이 받들고 천황 폐하를 중심으로 단결해 양이를 몰아내자!"

"막부가 양이들과 굴욕적인 조약을 맺었다."

"옳소!"

존왕양이 급진파는 군사행동으로 나아갔다.

1863년 미국 상선, 프랑스 군함, 네덜란드 군함을 연이어 포격한 것.

＊존왕양이(尊王攘夷): 임금을 숭상하고 오랑캐를 물리침.
＊양이(洋夷): 서양 사람을 낮잡아 이르는 말.

서양 세력이 연합군을 편성해 즉각 반격하면서 양자 간에 치열한 전투가 이어졌다.

여기서 존왕양이파는 양이의 기치를 버린다.

적극적 개국으로 방향을 잡은 그들의 남은 목표는 막부 타도.

존왕 세력의 급성장에 위기감을 느낀 막부는 국가통치권을 천황에게 자진 반납한다.(대정봉환)

이런 계산이었던 건데

이른바 메이지유신이라 불리는 근대화 개혁을
과감하고 빠르게 밟아나갔다.

1868   에도를 도쿄로 개칭하고 수도로 삼음
1869   판적봉환 (영주들이 자신들이 관할하던
       토지, 백성을 천황에게 반납)
1870   병제 통일 (해군은 영국식, 육군은 프랑스식)
1871   우편제도 실시, 금본위제 채택
       폐번치현 (영주가 다스리던 번을
       폐지하고 중앙이 다스리는 부·현으로 바꿈)
       청일수호조규 체결
       이와쿠라 사절단 출발
1872   사범학교 창설
       국민 교육 목표인 학제 공포.
       첫 철도 개통, 태양력 채택
1873   국민개병제에 기초한 징병령
       근대은행 설립
1874   타이완 정벌

메이지 정부는 쓰시마를 통해
새 정부의 수립을 조선에 알려왔다.

이때까지의 조·일 외교는
쓰시마를 중개로 하여 진행돼왔다.

나 쓰시마 태수는
조선 왕에게 신하를
자처하며 외교
문서에도 조선 왕이
내려준 도장을
찍었었지.

그런데 이번에 가져온 서계는
그동안의 격식에서
벗어나 있었다.

이게 뭐야?
천황이니
칙어니 하는
건방진
표현들에다
찍은 도장도
우리가 내려준
도장이
아니잖아.

이에 조정은 예전의 격식에 맞춰 고쳐 오라며
서계의 수령을 거부했다. 이를 접한 일본 정부.

어차피
우리가 힘을 키우고
뻗어나가려면
조선에서부터
시작해야.

기회에 근대식
국교 수립을 요구했다가
거절하면 힘으로
밟아버리자고.

征韓!

*칙어(勅語): 황제가 내리는 말이나 글.

제4장 개항　159

정한론이 주도하게 된다. 핵심 주자는 메이지 유신 주도자의 한 사람인 사이고 다카모리.

내가 사절로 가겠소

안 그래도 할 일이 없어져서 불만이 팽배한 사무라이들도 달랠 겸 추진합시다.

그러나 1873년 이와쿠라 사절단이 돌아오면서

이와쿠라 사절단은 구미 문물 제도를 살피기 위해 이와쿠라를 단장으로 하고 기도, 오쿠보, 이토 등 신정부 핵심들이 이끌고 1871년에 떠났던 대규모 사절단입니다.

시기상조요. 아직은 내치의 정비가 우선이오.

그게 맞을 듯.

그때의 정한론은 힘을 잃었다.

젠장! 니들끼리 잘해봐라

그러나 아주 잠시 유보된 것뿐이었다.

정한(征韓)은 우리 모두의 뜻! 머지않아···

고종 12년(1875) 일본이 새로 서계를 가져왔다.

응?

이번에는 외무성 관리가 직접 왔는데 그 모습이 예전과는 딴판이었다.

서양식 화륜선을 타고 왔으며

*등문(登聞): 중요한 사실이나 사건을 왕에게 알림.

운요호 사건

단순한 경고 사격이었을지 모르나 운요호는 기다렸다는 듯 포문을 열었다.

이틀에 걸쳐 초지진을 포격한 운요호는

이튿날 영종성을 포격하기 시작했다.

이어 보병들이 상륙해 성을 넘어가 불을 질렀다.

조선군은 토성으로 후퇴했다. 조선군 사망자 35명, 일본군 사망자 2명.

닥치는 대로 불태우고 소, 돼지, 닭 등을 잡아간 그들은

선상 파티를 벌였단다.

그렇게 한바탕 분탕질을 하고는 나가사키로 귀항했다.

고종 13년(1876), 일본 배 4척이 강화로 접근했다.

인사가 오간 후 서계 문제를 시작으로 팽팽한 신경전이 이어졌다.

조일수호조규

여기 초안을 잡은 13개조의 조약을 상세히 열람하고 귀 대신이 직접 조정에 나아가 임금을 뵙고 아뢰어주길 바랍니다.

조약이라뇨?

귀국 지방의 관을 열고 통상하자는 것입니다.

300년 동안 언제 통상하지 않은 적이 있었습니까? 갑자기 이렇게 말하니 이해할 수 없습니다.

지금 만국에서 통행되고 있는 일이며 일본 또한 각국에 관을 많이 열어놓고 있습니다.

우리나란 척박한 땅으로 단 한 곳도 물품이 집결되는 곳이 없습니다. 토산물도 곡식과 무명뿐이며 금은보화나 금수, 능라 같은 사치품도 없습니다. 귀국에도 이로울 것 없고 우리에겐 손해만 될 것입니다.

두 나라 관계가 그간 막혔던 것은 조례가 분명하지 못해서입니다. 조약을 체결해 영원히 변치 않을 장정으로 삼지 않을 수 없으니 그리되면 두 나라 사이에 교류가 끊기는 일이 없을 것입니다. 이는 또한 만국의 공법입니다.

지금 관을 열어 통상하자는 말은 우리로선 듣도 보도 못한 일입니다. 이같이 중대한 일을 백성의 의향도 들어보지 않고 승낙할 수 없습니다.

담판은 며칠째 계속되었다.

강화도에서의
회담 진행 과정은
시시각각으로
조정에 보고되고
세간에도
알려졌다.

상황을 지켜보던 최익현이 강경한 조약 반대 소를 올렸다.

신은 적들의 배가 왔다는 소식을 듣고 의정부에서 응당 확정적인 의논이 있으리라 여겨 여러 날 귀 기울여 기다렸으나 아직도 들은 바가 없나이다. 항간에서 저들의 속셈이 화친 요구에 있다는데 이미 입 가진 사람들은 모두 분격해하며 온 나라가 뒤숭숭합니다. 만일 소문대로 된다면 전하의 일은 잘못되고 말 것입니다.

화친이 상대의 구걸에서 나오고 힘이 있어 능히 그들을 제압할 수 있어야 화친을 믿을 수 있사옵니다. 겁나서 화친에 응한다면 당장은 조금 숨 돌릴 수 있겠지만 이후 그들의 끝없는 욕심을 무엇으로 채워주겠나이까? 이것이 나라를 망하게 하는 첫 번째 이유입니다.

그들의 물건은 지나치게 사치한 것과 괴상한 노리갯감들이지만 우리의 물건은 백성의 목숨이 걸린 것들이므로 통상한 지 몇 년이 지나지 않아 더는 지탱할 수 없게 될 것이니 이것이 나라가 망하게 되는 두 번째 이유입니다.

화친이 이루어지면 사학이 전해져 온 나라에 가득 찰 것, 이것이 세 번째 이유.
:

지금 기어든 왜인들은 서양 옷을 입고 서양 포를 쏘며 서양 배를 타고 다니니 이는 왜인이나 서양 사람이 한가지라는 뚜렷한 증거입니다.

삼가 바라건대 큰 계책을 세우시고 조정의 관리들 가운데 화친을 주장해 나라를 팔아먹고 짐승을 끌어들여 사람을 해치는 자가 있다면 사형으로 처단하시기 바라옵니다.

그러지 않으시려거든 이 도끼로 신에게 죽음을 내리신다면 큰 은혜로 여기겠사옵니다.

아! 과연 면암샘

그러나 조정은 이미 조약을 맺는 쪽으로 의견이 모아졌다.

> 백성에게 편리하고 나라에 이익이 있으면 전결해도 괜찮을 것이옵니다. 옛 가르침도 그러하니 편리한 대로 재량하여 처리하도록 접견대관에게 통지하소서.

최익현은 흑산도에 위리안치되었다.

(위리안치의 아이콘)

마침내 전권을 위임받은 신헌과 일본의 전권대신 구로다 기요타카가 수호조규에 서명했다.

〈수호조규〉

제1관 조선국은 자주국가로서 일본국과 평등한 권리를 보유한다.
제2관 일본국 정부는 지금부터 15개월 뒤 수시로 사신을 파견해 조선국 경성에 가서 예조 판서를 만나 교제 사무를 토의하며 … 조선국 정부도 …
제3관 이후 양국 간에 오가는 공문은 일본은 일본어 (10년간 번역본 별도 구비) 조선은 한문으로.
제4관 종전의 관계, 세견선은 혁파한다. 조선국 정부는 제5관에 실린 두 곳의 항구를 별도로 개항해 …
제5관 조선력 2월부터 20개월 이내에 두 곳의 항구를 골라 개항한다.
       ⋮
제7관 일본국 항해자들이 수시로 조선의 해안을 측량해 지도를 제작해 양국의 배가 안전하게 다닐 수 있도록…
       ⋮
제9관 양국 백성은 임의로 무역하며 양국 관리들은 간섭, 제한, 금지할 수 없다.
제10관 각국 인민이 상대국에서 죄를 지었을 경우 돌려보내 재판케 한다.
제11관 별도의 통상 장정을 제정한다.
제12관 이 조약은 양국이 성실히 준수, 준행하며 양국 정부는 수정하지 아니한다.

신헌   윤자승
구로다 기요타카 이노우에 가오루

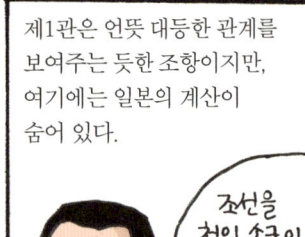

이에 대해 일본 외무대승의 수록(手錄)이란 구속력 없는 편지를 한 장 받았을 뿐.

몇 달 뒤에는 무역규칙이 조인되었는데, '몇 년간 수출입 상품에 면세권을 부여한다'는 무관세 조항도 들어 있다.

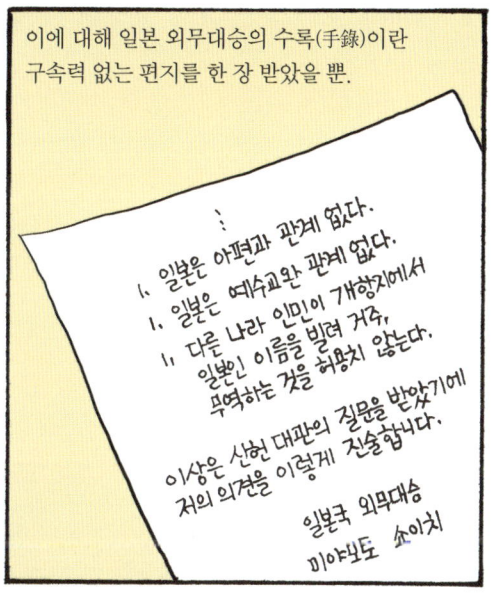

또한 조선이 반대했던 양곡의 수출입도 허용하는 조항을 두어 많은 폐해를 가져왔다.

이런 조항들 외에 평등해 보이는 조항들도 사실 불평등할 수밖에 없었다.

어찌 됐건 조선도 이제 탈중세의 새로운 환경을 맞이하게 되었다.

명성황후 생가
경기도 여주군 여주읍 능현리에 있는 명성황후의 생가. 명성황후는 이곳에서 태어나 8세까지 살았다. 생가 옆에 '명성황후탄강구리'라고 새겨진 비석이 있는데 고종의 친필이다.

제5장

개화에 대한 저항

개항 이후의 변화

조약의 체결과 함께 일본은 사신 파견을 요구했고, 조선은 김기수를 수신사로 삼아 70여 명의 수행원과 함께 보냈다.

일본은 김기수 일행을 극진히 맞았다.

정계 실력자들이 앞다퉈 초대했는가 하면

의사당, 내무성, 외무성, 육군성, 해군성 등을 둘러볼 수 있게 해주었다.

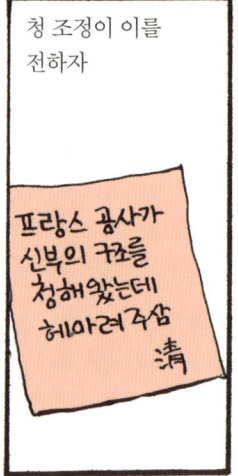

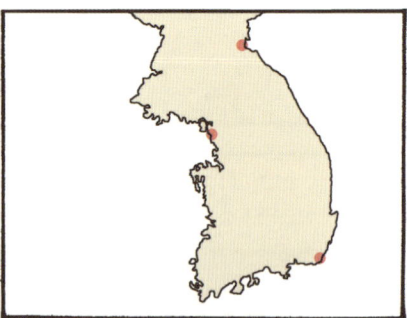

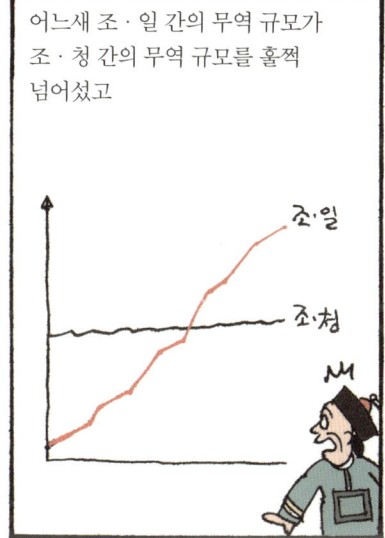

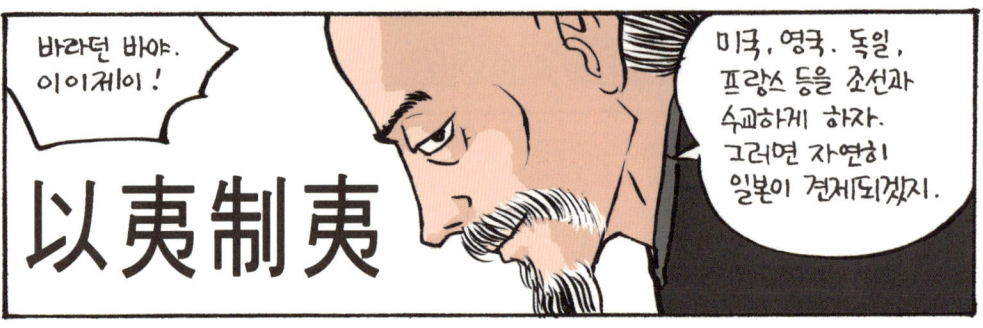

고종 16년, 북양대신 리훙장(이홍장)이 이유원에게 편지를 보내왔다.

지금의 형편으론 독으로 독을 치고 적을 끌어들여 적을 제압하는 계책을 써서 서양 여러 나라와 조약을 맺고 이로써 일본을 견제해야 할 것입니다.
:
서양의 영국, 독일, 프랑스, 미국 등의 나라들은 귀국과 수만 리 떨어져 있고 본래 다른 요구가 없습니다. 그 목적은 통상하자는 것뿐…
만약 귀국이 그들과 수교를 한다면 일본뿐 아니라 러시아가 엿보는 것까지 막아낼 수 있습니다.

요즘 각국 공사들이 우리 총리 아문에다 귀국과의 상무에 대해 말해오고 있습니다.
귀국은 정사와 법령을 모두 자체로 주관해오고 있으니 이런 중대한 문제에 대해 우리가 어떻게 간섭하겠습니까?

다만 중국은 귀국과는 한 집안과 같으며 우리의 동삼성(東三省)을 병풍처럼 막아주고 있으니 어찌 순망치한으로 의존하는 정도뿐이겠습니까?

귀국의 근심이 곧 중국의 근심입니다…

이에 대한 이유원의 답장을 보면 여전히 조선은 서양과의 통상에는 반대하고 있음을 알 수 있다.

이이제이는 중국 같은 나라에서나 가능한 일.
우리의 바람은 자나 깨나 당신의 덕을 입어 중요한 일마다 지도를 받는 것뿐입니다.

그러나 왕도 신하들도 서양 문물을 배워야 한다는 데 대해서는 점차 공감해갔다.

고종 17년(1880), 김홍집을 일본 수신사로 보내는 한편

이듬해에는 박정양, 어윤중, 홍영식 등의 소장파 관리들을 선발해 일본을 시찰토록 했다.

이때는 유생들에 의한 격렬한 척사운동이 일 때여서 이들은 암행어사의 신분으로 부산까지 내려가야 했다.

약 4개월간 일본을 돌아본 이들이 분야별로 올린 보고서는

조정에 개화의 필요성에 대한 인식을 더욱 높여주었고

개화정책의 방향을 세우는 데도 기여했다.

······!!

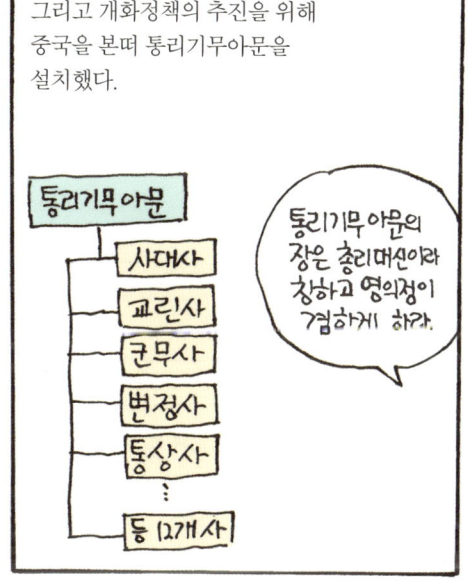

커져가는 반발

수신사로 갔던 김홍집이 돌아오자 왕은 불러 여러 가지 관심사에 대해 물었다.

개화에 대한 강한 관심을 보여주는 광경이다.

제5장 개화에 대한 저항 187

일본에서 김홍집은 청국 공관을 찾아 참찬관 황쭌셴(황준헌)과 국제 정세에 대해 많은 이야기를 나누었다.

황쭌셴은 김홍집이 돌아올 때 자신의 의견을 책으로 정리해 건넸는데, 《사의조선책략》이다.

러시아의 침략을 막으려면 중국과 친하고(親中國) 일본과 결합하고(結日本) 미국과 연대해야(聯美國)

앞에서 본 리훙장의 시각과 상당히 다른 접근으로, 일본의 주장에 많이 동화된 시각이다.

경계대상 1호는 어디까지나 일본!!

《사의조선책략》은 조정 안팎에 곧바로 소개되었다.

친중국 결일본

연미국

아라사가 위험한 나라래.

열흘 뒤 왕과 영의정 이최응 간에 오간 대화다.

수신사의 말을 들어보니 일본인들이 무척 다정하고 성의가 있었다고 합니다.

이번에 자못 후대를 받았으니 그들의 호의를 믿을 수 있사옵니다. 그리고,

러시아의 일은 우려됨이 없지 않사옵니다.

국제정세를 보는 순진성을 여지없이 보여주고 있지만, 어쨌거나 비약적인 인식의 변화가 보인다.

그런 흐름이 마침내 유자들을 폭발시켰다.

병조 정랑 유원식이 《사의조선책략》중 천주교 관련 내용을 비판하고, 김홍집을 공격하는 소를 올렸다.

서양의 학문은 천리를 문란케 하고 인륜을 멸하는 것은 더 말할 것도 없이 심합니다.
서양 문물은 태반이 음탕한 것을 조장하고 욕심을 이끌며 윤리를 망치고 사람의 정신이 천지와 통하는 것을 어지럽히니 귀로 들으면 내장이 뒤틀리고 눈으로 보면 창자가 뒤집히며 코로 냄새를 맡거나 입술에 대면 마음이 바뀌어 본성을 잃게 됩니다.

(황준헌을 물리치지 못한 김홍집과 《조선책략》에 동조하는 대신들에 대해) 이로 보면 전하의 사신과 재상은 전하의 사신, 재상이 아니라 예수의 심복으로 구라파와 내통한 것이니,
어찌 우리 삼천리 강토가 오늘에 와서 개, 돼지가 사는 곳으로 되고 500년 공자와 주자의 예의가 오늘에 와서 거름 구덩이에 빠질 줄 알았겠습니까?

중국이 시궁창에 빠지자 온 세상이 짐승 냄새를 풍긴 지 300년이나 되었습니다.
한 줄기 볕이 오직 우리나라에만 붙어 있는 것은⋯ 천지가 애호하는 것이고 사람들이 소중히 의지하는 것입니다. 어찌 차마 이것까지 없애버려 음만 있고 양이 없는 세상으로 만들겠습니까?

삼가 바라옵건대 전하께서는 하늘의 기강을 떨치고 사직을 위하여 죽는 의리를 결단해 싸워 지킬 계책을 결정하소서.

기무아문을 혁파하시고 5위 제도를 살리며 내영의 경비를 옮겨 군사들의 늠료를 후하게 주며 무당, 중 들의 기도를 금지하고 배우의 놀음놀이를 멀리하며 노닐며 즐기던 구습을 타파하고 나라를 근심하고 근면하는 덕을 다하소서.

대부분의 상소자는 유배에 그쳤지만,

이항로의 제자이기도 한 홍재학은 사형에 처해졌다.

이런 위정척사의 분위기와 연계된 역모 기도도 있었다. 대원군 세력인 안기영은

"최익현의 대원군 비판소에 반대소를 올렸던."

권정호, 채동술 등과 개화로 흐르는 집권 세력은 물론 왕까지 몰아낼 역모를 계획했다.

"척사도왜의 (斥邪討倭) 기치를 들어 유생들을 규합하고"

"백성까지 모아 과감하게 들이치는 거야!"

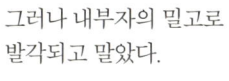

그러나 내부자의 밀고로 발각되고 말았다.

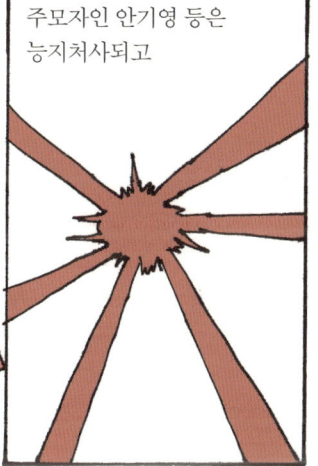

주모자인 안기영 등은 능지처사되고

다수의 가담자가 효수되었으며

제5장 개화에 대한 저항 193

왕과 왕비는 당연히 대원군이 관여한 일로 받아들였다.

개입 여부와 상관없이 개화에 대한 광범한 반발은 다시금 대원군을 주목하게 만들고 있었다.

임오군란

고종 14년(1877) 8월, 훈련도감 군사 몇 명이 이런 방문을 붙였다가 형장을 맞고 유배된 일이 있었다.

급료를 주지 않아 살 수가 없다. 먹어야 힘을 쓰지 않겠나? ……

앞서 본 홍재학 등의 소에 들어 있던 구절!

기무아문을 혁파하시고 5위 제도를 살리며 내영의 경비를 옮겨 군사들의 능묘을 후하게 주며 무당, 중 들의 기도를 금지하고 배우의 놀음놀이를 멀리하며 노닐고 즐기던 구습을 타파하고…

《매천야록》은 다음과 같이 쓰고 있고

백성은 대원군 치하에서 두려움에 떨며 불평했는데 민씨 집권 후 그리워하게 되었다.

운현(대원군)이 십 년간 모은 것을 1년도 안 돼 탕진했다. 이때부터 벼슬을 팔고 과거를 파는 나쁜 정치가 잇달아 생겨났다.

다른 야사들도 대부분 비슷한 표현을 하고 있다.

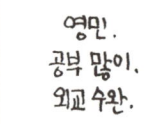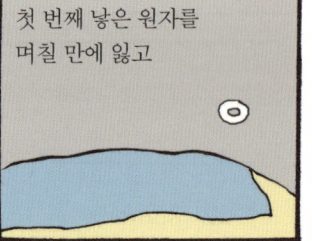

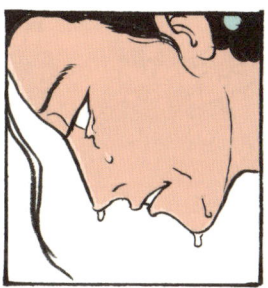
심지어 이듬해에 낳은 대군도 네 살에 죽었으니 오죽했을까?

왕비는 원자를 위해 대규모 기도회를 여는 등 비용을 많이 썼다.

궐내 잔치가 많았던 것도 사실이다.

여기에 민씨 세도가 시작되면서 매관매직이 다시 기승을 부렸다.

당연히 지방에서의 조세 상납 실적이 뚝 떨어졌다.

그리고 개화 관련 비용이 급증했다.

이로 인해 재정이 고갈되어 조신들의 녹봉이 지체되기 일쑤고

군인들의 급료 체불이 잦았다.

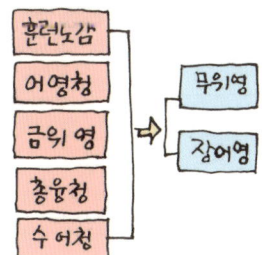
이때 5군영은 무위소가 확대된 무위영과 장어영 2개 영으로 개편되었는데

제5장 개화에 대한 저항

다음 날의 사태 전개를 보면 대원군의 개입은 분명해 보인다.

대원군의 지지와 방향 제시를 접한 군인들은 고무되었다.

그리고 다음 단계로 넘어갔다.

대궐로 가는 길에 이최응의 집을 부수고 그를 때려죽였다.

마침내 돈화문을 통해 대궐로 난입했다.

제5장 개화에 대한 저항 203

선혜청 제조 민겸호

경기 감사 김보현을 죽이고

왕비를 찾아 온 전각을 헤집고 다닌다.

초유의 상황을 마주한 왕은 떨기만 할 뿐 속수무책.

대원군과 왕비

어쩔 수 없이 조선에서의 청의 주도권 장악을 용인한 가운데

자신들이 원하는 바도 얻어냈다. 일명 제물포조약이라 불리는 조일강화조약을 맺은 것.

1. 20일 이내 흉도들을 잡아 수괴를 엄벌하고 일본과 공동 조사.
2. 죽은 일본인 후히 장사.
3. 조선이 5만 원을 내 유족과 부상자들 지원.
4. 일본이 입은 손해에 대해 50만 원 배상.
5. 공사관에 군사를 약간 두어 경비.
6. 조선국 대관이 국서를 가지고 일본에 가서 사과.

〈속약〉
1. 부산, 원산, 인천의 통행 가능 거리를 사방 50리로 확대. 2년 뒤엔 100리로. 다시 1년 뒤엔 양화진 개시.
2. 일본의 공사, 영사 및 그 수행원과 가족은 조선 각지를 자유로이 유람 가능.

"50만 원 배상에" "군대 주둔 허용" "조선 전역을 샅샅이 살필 수 있는 권한도."

한편 왕비는 군란 때 절체절명의 위기에서 무예별감 홍계훈의 기지로 목숨을 건졌다.

"이 여인은 상궁으로 있는 내 누이다. 막지 말아라." "아…예"

제5장 개화에 대한 저항 211

정상적인 상황이라면 대원군의 뜻대로 흘러갔을 것이다.

그녀는 세상에 없는 사람이 되어 목숨이나마 부지하는 것을 다행으로 여기며 살아야 했을 것인데

국내의 정치 변란에 외국 군대가 출동하는 전례 없는 상황 덕에

그녀는 다시 궁으로 돌아올 수 있게 되었다.

중전마마! 어서 나오시어 교자에 오르소서!

환궁하는 그녀를

호위한 것은 청군이었다.

청군에 납치되고, 청군의 호위를 받으며 돌아오고. 기막힌 운명의 교차였다.

淸, 나는 종주국이다

전선이 가설되고 철도가 도입되었다.

외국어 학교를 세우고

유학생을 파견했으며

서양식 군사훈련도 이루어졌다.

그렇게 10여 년, 겉보기에 청은 그들만의 방식으로 현대화에 성공해가는 것으로 보였다.

그런데 이웃 일본이 더욱 빠르게 서양의 문물을 습득해가며 힘을 키우고 있다.

오키나와를 편입하고

타이완에 침범할 때도 제대로 대응하지 못했다.

이제 일본은
조선과 조약을 맺고는
본격적인 진출을
꾀하고 있다.

더구나 러시아까지
호시탐탐 남하를
꾀한다.

이 시기 양무운동의 주도자이자
청국 외교의 총지휘자인
리훙장.
그는 앞서 본 대로
서구 국가들을
조선과 수교하게 함으로써
일본을 견제하러 했다.

이이제이!

그의 이이제이는 나름의
성과를 내고 있었다.

리훙장의 출병 결정을 가져온 것은 일본 쪽 동향이었다.

"일본군이 출병해 친일 정권을 세우는 건 안 돼."

출병은 그렇다 치고 대원군 납치는 무엇 때문일까?

일본에 개항을 하고 일본의 영향력을 키운 주역은 오히려 왕비 쪽 아닌가?

그런데도 리훙장은 대원군의 제거를 택했다.

WHY?

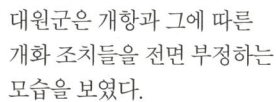

대원군은 개항과 그에 따른 개화 조치들을 전면 부정하는 모습을 보였다.

"옛날로!"

"바로 그게 문제야. 저대로 놔둘 경우 조약의 당사자인 일본의 강한 반발을 불러 예기치 못한 사태로 이어질 수 있어."

"그리고 내가 그동안 추진해온 이이제이 정책도 파탄 나고 말지."

"또 한 가지. 우리가 아니라 일본이 책임을 물어 납치해 갈 우려도 있어."

조청상민수륙무역장정은 이런 구절로 시작된다.

... 이 장정은 중국이 속국을 우대하는 뜻이며

그러나 우대는 어느 구절에도 보이지 않는다. 재판권도 일방적이고

조선에서 피고가 중국인일 땐 중국이 재판하고 중국에서 피고가 조선인일 때도 중국이 재판. OK?

관세는 5%로(홍삼은 15%) 정해 이후 일본의 항의를 받는다.

이러면 우리 상인들이 손해를 보잖아.

펑톈여조선변민교역장정 제3조는 다음과 같다.

압록강 이내와 평안도 인근 각처의 항구는 중국에서 제물(祭物)과 관용(官用) 물고기를 잡는 곳으로 민간에서 사적으로 잡는 것을 금하고 조선인이 오가며 잡는 것을 인정치 않는다.

이거이 무신 소리네? 우리 앞마당에서 고기를 잡지 말란 거이가?

이렇듯 청은 이 기회에 조선에 대해 과거의 사대관계를 넘어서는 종주국-식민지 관계로 대하려 들었다.

뭐가 문제야. 속국을 속국답게 대우하겠단 건데...

이에 조선 조정은 이를 수긍하는 세력과 격하게 반대하는 세력으로 나뉘게 된다.

그래도 중국의 우산 아래 있는 게 안전해.

장난해?

우정총국

1884년 종래의 역참제를 대체하기 위해 설립된 우편행정관서이다. 그러나 갑신정변의 주요 무대가 되면서 이내 폐지되었다. 서울시 종로구 견지동에 위치해 있다.

제6장

갑신정변

본격 개화의 길

임오군란의 충격에서 벗어난 왕은 백성에게 윤음을 내렸다. 사과문이다.

왕은 다음과 같이 말한다.
아! 부덕한 내가 외람되게 왕위에 오른 지 19년 동안 덕을 밝히지 못해 정사는 그릇되었고 백성은 흩어졌으며 위로는 죄가 쌓이고 몸에는 재앙이 모여들었다. 이것은 나로 말미암은 것이니 아무리 후회한들 무슨 소용이 있겠는가?

임금의 지위에 오른 이래로 토목공사를 크게 벌였고 백성의 재물을 억지로 끌어들여 가난한 사람이나 잘사는 사람 모두를 곤궁하게 만들었으니 이것이 나의 죄이다. 자주 화폐를 고치고 무고한 사람들을 죽인 것도 나의 죄이다. 사당과 서원을 철폐해 충현에게 제사 지내지 않은 것도 나의 죄이고 기호품을 구하고 상 내리기를 절도 없이 한 것도 나의 죄이다. 신명에게 복을 내려주기를 비는 제사를 지나치게 행해 내탕고의 재물을 허비한 것도 나의 죄이다. 사람을 널리 등용하지 못하고 종친과 척신을 높인 것도 나의 죄이다. (이하 대궐 단속, 탐오, 저축 고갈, 외교, 이번의 사태들에 이르기까지 하나씩 거론하며 '나의 죄이다'라고.)

아! 나의 죄가 이 지경에 이르렀으니 무슨 면목으로 신민을 대하랴? 부끄럽고 두려워 임금 노릇 하는 즐거움이 없다.
너희 대소 신민들은 내가 종전의 과오를 버리고 새로워지는 것을 허락하겠는가?
나는 이제 마음을 깨끗이 씻고 전날의 교훈을 살려 조심하겠다. 백성에게 불편했던 종전의 정령들은 모두 없애버리고 어진 관리들을 골라 백성을 다스리게 할 것이며
실효 있는 방법을 강구해 온 나라 사람들과 함께 새롭게 시작하려 한다.

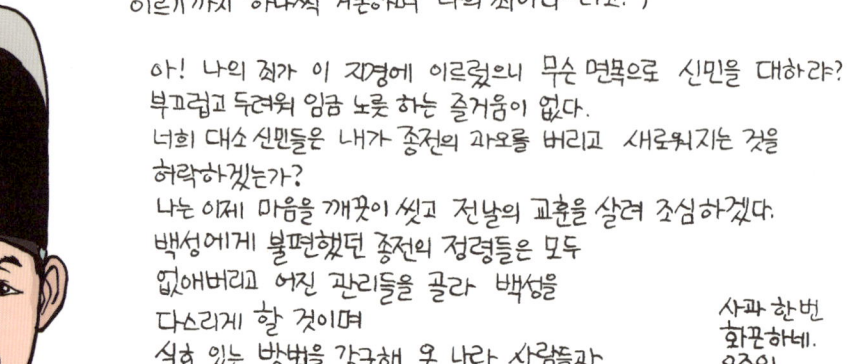

사과 한번 화끈하네. 요즘의 정치 지도자들과는 완전 다르군.

그리고 며칠 뒤에는 외국과의 교류와 개화의 불가피성을 천명하는 윤음을 내렸다.

우리 동방은 한쪽 구석에 치우쳐 일찍이 외국과 교섭한 적이 없으므로 견문이 넓지 못하고
스스로 단속하여 지키며 500년을 이어왔다.
근년 이래 천하의 판세는 옛날과 판이하게 되었다. 영국, 프랑스, 미국, 러시아 같은
구미의 여러 나라에서는 정교하고 이로운 기계를 만들고 나라를 부강하게 만드는 사업에
최선을 다하고 있다. 그들은 지구를 돌아다니며 만국과 조약을 체결해 병력으로 서로
견제하고 공법으로 서로 대처하는 것이 마치 춘추전국 시대를 방불케 한다.
그러므로 홀로 존귀하다는 중화도 평등한 입장에서 조약을 맺고
척양에 엄격하던 일본도 결국 수호를 맺어 통상을 하고 있으니 어찌 까닭 없이
그러겠는가? 형편상 부득이하기 때문이다.
우리도 병자년(1876) 봄에 일본과 강화조약을 맺고 세 곳의 항구를 열었으며
이번에 또 미국, 영국, 독일 등 여러 나라와 새로 화약을 맺었다.
이것은 처음 있는 일이니 너희 사민들이 의심하고 비방하는 것도 이상할 것 없다.
그러나 교제의 예는 평등을 원칙으로 하니 의리로 헤아려볼 때 장애 될 게 없고
군사를 주둔시키는 의도는 상업 활동을 보호하는 데 있으니 시세를 놓고 참작하더라도 또한
걱정할 것 없다.

- 유자들의 척화론 ; 상대가 화의를 갖고 왔는데 싸움으로 대하면 어찌할 것인가?
도움받을 곳 없이 고립되어 공격의 화살이 집중되면 또 어찌할 것인가?

- 서양과의 수교, 서양식 기계는 사교에 물든다?
; 우려되는 일이나 수교는 수교이고 사교는 사교, 그들의 기계는 이용후생할 수 있다.
종교는 배척하고 기계는 본받으면 됨. 더구나 강약의 형세가 분명한데 그들의 기계를
본받지 않고 무엇으로 막겠냐며 반박.
- 6월의 변고(임오군란)는 천하의 비웃음을 삼.
- 일본인들은 우리를 화의로 대했는데 우리 군인들이 의심해 먼저 범했다.

너희는 각기 두려움 없이 편히 지내며 다니는
양이니 왜니 하며 민심을 소란케 말라.
각 항구와 가까운 곳에서는 외국인이 자유롭게
다녀도 일상적인 일로 보아넘기고 먼저
시비 거는 일이 없도록 하라. ……

그리고 서양과 수교를 맺은 이상
서울과 지방에 세워놓은
척화비들은 시대가 달라졌으니
모두 뽑아버리도록 하라!

왕의 천명에 예전과는 사뭇 다른 소들이 제법 올라왔다.

일본에서 종두법을 배우고 와 접종사업을 펼쳐나가던 지석영의 소와

《만국공법》, 《조선책략》, 《박물신편》 등의 책들을 수집하고 각국의 수차, 농기, 직조기, 화륜기, 병기 등을 구매하여 익혀 배우게 하시고…

전적 변옥의 소는 개화에 대한 뚜렷한 지지 소였다.

군사훈련은 중국식, 일본식 따질 것 없이 우수한 것만 취해 배우고 윤선, 대포 등도 각국을 본받아 설치해야. 《만국공법》, 《해국도지》 등을 간행, 반포하시어…

이항로의 제자 유중교가 강경한 반대 소를 올렸지만

서양은 극악! 양이는 음사가 극에 달해 귀매(鬼魅)가 된 자들로…

더는 이어지지 않았다.

저건 뭔가 아닌 것 같고…

개화를 저지하기도 그렇고…

그 밖에 폐단을 논한 소가 많이 올라왔지만, 대부분 뻔한 내용이 들어 있다.

서원을 복구하시고

호포법을 철폐하시고

성학에 힘쓰시고.

그리고 특이한 현상은

응?

사복까지 개혁할 것을 명한다.

우리나라의 사복 도포, 직령, 창의, 중의 같은 옷은 겹겹이 넓은 소매를 쓰는데 불편하고 옛것을 찾아봐도 너무 차이가 있다.
지금부터 변통하여 단지 착수의와 전복, 사대(絲帶)를 착용해 간편을 추구함을 정식으로 삼을 것이니 해조에서 절목을 갖추어 들여라.

이에 예조가 곤란해하자 나그쳐서는

이는 중대한 일이니 본조가 마음대로 할 수 없사옵니다.

이는 예조의 일이다. 어찌 미루려 하느냐? 빨리 마련하라.

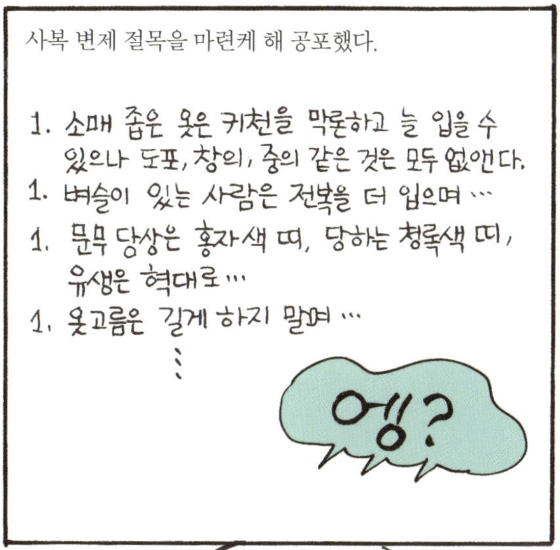

사복 변제 절목을 마련케 해 공포했다.

1. 소매 좁은 옷은 귀천을 막론하고 늘 입을 수 있으나 도포, 창의, 중의 같은 것은 모두 없앤다.
1. 벼슬이 있는 사람은 전복을 더 입으며…
1. 문무 당상은 홍자색 띠, 당하는 청록색 띠, 유생은 혁대로…
1. 옷고름은 길게 하지 말며…
　　⋮

엥?

우리보고 이런 걸 입으라고?

세상에 이 무슨 오랑캐 옷도 아닌 것이…

이 소매 좀 봐. 아주 스키닐세.

제6장 갑신정변 229

이어 좌영, 우영을 두어 4영체제를 정착시켰다.

일본에 수신사로 갔던 박영효의 건의를 받아들여

한성에 순경부가 설치되고

박문국도 설치되었다.

이곳에서 최초의 근대신문인 〈한성순보〉가 간행되었지요.

1883년 1월에는 태극기가 국기로 제정되어 공포되었다.

이렇듯 왕을 중심으로 모처럼 조정은 하나가 되어 개화로 나아가는 듯 보였다.

친청 온건개화파, 친일 급진개화파

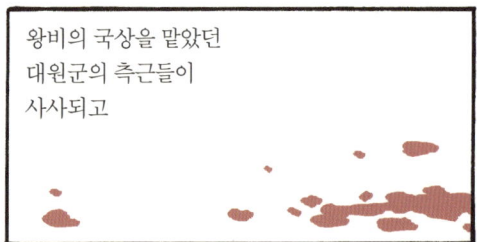

민태호의 아들인 그는 민승호의 양자가 되면서 왕비의 각별한 총애를 받았다.

어서 오세요 조카님.

영민하고 시, 서, 화에 두루 빼어난 그가 어린 나이에도 특히 주목을 받게 된 것은 개화에 대한 식견 때문이다.

진작부터 개화에 관심이 많아 김옥균 등과 교류했던 그는

박영효가 수신사로 갈 때 김옥균과 함께 비공식 사절로 일본을 다녀왔고

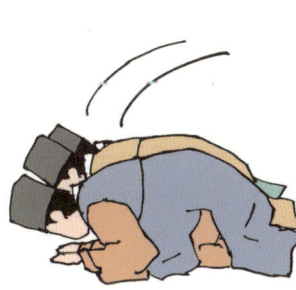

미국과의 수교 후에는 보빙사 전권대사가 되어 홍영식, 서광범 등과 함께 미국으로 가 미 대통령을 만나고

미국의 주요 기관, 시설 들을 돌아보았다.

그들은 대개 유력한 가문의 자제들로

박규수의 사랑방을 드나들며 개화의 뜻을 키웠다.

박규수는 앞서도 보았듯이 제너럴셔먼호 사건의 영웅.

진작부터 북학파의 저작 등을 보며 유교중심주의에서 벗어나 있던 그는

북학파의 거두 연암 박지원 선생이 내 조부라네

청에 사신으로 갔다가 양무운동으로 변모하는 모습을 보고 개화의 길로 나아가야 한다는 생각에 이르게 되었다.

그리하여 청년들을 불러 모아 변화되는 세계의 실상을 전하고, 개화의식을 높였는데,

우의정에서 물러나 칩거하다 세상을 뜰 때까지의 2~3년 동안으로 짐작된다.

여러 차례 청을 드나들며 일찌감치 개화사상을 갖게 된 역관 오경석, 의관 유홍기 등도 함께하며 청년들의 선생이 되어주었다.

개항을 전후해 조정에 진출한 이들은

개화를 공공연히 내건 이때에 와서는 자연스레 두각을 드러내며 하나의 세력을 형성하게 된 것이다.

개화당 인물들이네.

하나같이 새파랗구먼

그들의 영수는 김옥균. 30대 초반으로 명문 안동 김씨의 일원이다.

다재다능한 사내. 글이며 글씨, 언변, 사교성, 수완에 두루 빼어났다.

바둑까지 고수였지.

박영효는 금릉위로 철종의 사위.

군란 후 22세의 나이로 수신사가 되어 일본을 다녀왔다.

홍영식은 영의정을 지낸 홍순목의 아들.

이 밖에도 서광범, 서재필, 유길준 등이 개화당을 형성했다.

이들은 모두가 수신사, 조사시찰단, 보빙사 등의 일원으로 일본, 미국 등을 다니며 문명개화의 현실을 눈으로 확인했다.

그 과정에서 그들은 특히 일본 정계의 실력자들이나 유명 학자들을 만나 교류하게 되었는데

일본 쪽 인사들은 주로 이런 의견을 내보였고, 청년들은 깊이 공감했다.

어느덧 조정은 민씨 척족, 온건개화파로 대표되는 친청 세력과

개화당이라 불리는 친일 세력으로 나뉘어 대립하게 되었다.

양측이 가장 크게 대립한 분야는 재정 확보 문제였다.

이에 대해 친청파를 대변하는 묄렌도르프는 당오전의 발행을, 김옥균은 차관 도입을 주장했다.

개화정책을 펴나갈 재원이 있어야 하는데 어떡하지?

우선 시급하니 당오전을 주조해야! 필요하다면 당십전, 당백전도.

당오전은 심각한 폐해를 불러올 것이오. 알 만한 사람이 왜 이러실까? 일본에서 차관 300만 원을 빌려 오면 됨.

양측의 대립에 왕은 이렇게 답했다.

당오전도 주조하고, 위임장 써줄 테니 가서 차관도 빌려받아라.

예! 전하!

제6장 갑신정변

정변의 밤

김옥균은 고종 18년 일본으로 가서 6개월을 머물렀다.

이듬해 귀국한 그는 다시 박영효가 수신사로 갈 때 동행했고

고종 20년(1883)에 또 일본을 방문했다. 이때의 임무는 차관 교섭.

기대에 찬 행보였지만

차관을 가져와 묄렌도르프의 코를 납작하게 만들어 버리고 개화의 주도권을 쥐는 거야.

일본 측 반응은 냉담하기만 했다.

자 여기 위임장

난 바빠서 이만…

앞선 방일 때 이랬던 그들이다.

임금의 위임장만 가지고 오면 그깟 차관이야.

고종 21년(1884) 초에 소득 없이 귀국한다.

서울 외교가와 조정 안팎은 조만간 무슨 일이 있을 거라는 긴장감이 감돌았다.

"일본이 혹시 중국에 선전포고를?"

"그리되면 이곳 조선이 전쟁터가 될 텐데."

"아니면 다른 무슨 정변이라도…"

개화당은 우정국 낙성식을 디데이로 잡았다.

7개월 전에 이미 우정국이 설치되었고, 이때에 이르러 건물이 완공된 것. 우정국 총판 홍영식은 대신들과 각국 공사를 낙성식에 초대했다.

예정과는 다소 차질이 있었지만

계획은 실행에 옮겨졌다.

민영익이 상황을 살피러 먼저 뛰어나갔는데

곧 피투성이가 되어 돌아왔다.

민영익은 개화당과 뜻을 같이 했더랬다.

개화당 인사들도 척족 실세인 그에게 많은 기대를 했었다.

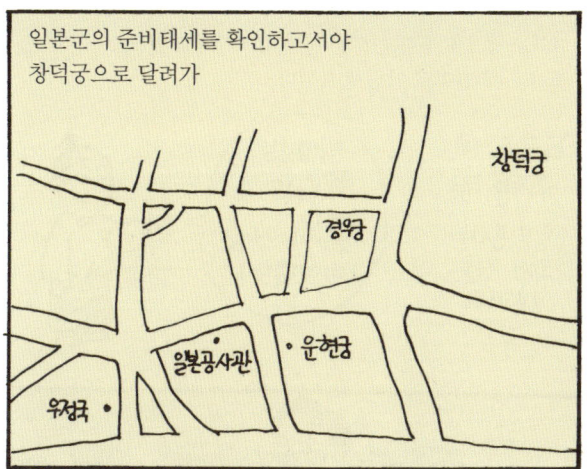

이에 김옥균은 청군에게도
호위를 청하는 사람을 보내는
시늉을 해야 했다.

다케조에가 요구한 친서는 박영효가 가지고 있던
백지 위에 연필로 이렇게 쓰였다.

日本公使
來護朕

일본 공사는
와서 짐을
보호하라.

박영효는
朕(짐)이
아니고
我(아)였다고
기억합니다.

약속대로
일본 공사가
200여 명의
군사를 이끌고
달려왔다.

전각 안에는 왕과
왕비, 대비와
후궁들, 궁녀와
내시들이 가득 찼고

정전 앞에는
김옥균 등이
칼을 빼어들고
시립했다.

뜰 안에는 김옥균 등이
준비한 군사들이,
담장 밖은
일본군들이
에워쌌다.

계획한 대로 '간신을 제거'하고 '왕을 경우궁에 모신' 정변의 주역들은 날이 밝자 대대적인 인사를 행했다.

영의정 이재원, 좌의정 홍영식, 전후영사 박영효, 좌우영사 서광범, 좌찬성 이재면, 이판 신기선, 예판 김윤식, 형판 윤웅렬,
⋮
호조 참판 김옥균, 도승지 박영교, 평안감사 이재순
⋮

이에 그들은 그동안 품어온 개혁 구상을 왕의 명을 빌려 발표했다.
그중 14개항이 김옥균의 《갑신일록》에 소개되어 있다.

1. 대원군의 조속한 귀국, 청에 대한 조공 허례 폐지.
2. 문벌 폐지, 백성 평등권 제정, 재능에 따른 인재 등용.
3. 지조법 개혁, 간리(奸吏) 근절, 빈민 구제, 국가 재정 충실.
4. 내시부 폐지, 재능 있는 자 등용.
5. 해독이 큰 탐관오리 처벌.
6. 환곡 영구히 폐지.
7. 규장각 폐지.
8. 순사 설치, 도적 방지.
9. 혜상공국 폐지.
10. 유배, 금고된 죄인 조사해 석방 등 처리.
11. 4영을 1영으로. 영 가운데 장정 선발, 근위대 설치, 대장은 왕세자가.
12. 국가 재정 호조로 일원화.
13. 대신, 참찬은 회의하여 정사를 결정한 후 국왕께 품한 다음 정령을 공포하고 집행.
14. 6조 외 불필요한 관청 폐지.

그런데 말야, 이재원, 이재면, 이재순 등의 인사도 그렇고 강령 1항도 그렇고 대원군에게 러브콜을 보내는 인상인걸.

그러게. 대원군은 개화 반대파를 대표하는 인산데.

민씨들을 그리 죽였으니 세력이 취약한 개화당 입장에선 대원군에게 손을 내밀 수밖에.

삼일천하

다시 하루가 가고 정변 3일째.

변의 성격을 대략 파악한 중전이 대궐로 돌아가겠다는 의견을 거듭 밝힌다.

"이곳은 너무 좁소. 대비마마께서도 돌아가시길 원하오."

다케조에가 동의하면서

"우리가 방어할 수 있어요. 걱정 마오."

창덕궁 중에서도 좁아 수비가 쉬운 관물헌으로 옮겼다.

정보를 취합해 상황을 파악한 위안스카이.

저녁이 가까워오는 시각, 군사를 이끌고 당도했다.

조선군 좌·우영 군사도 뒤를 따랐다.

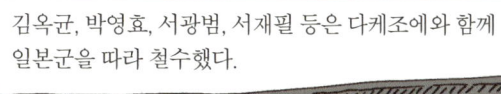

박영교, 박영효의 아비 박원양도
같은 길을 갔다 하고

서재필의 생부인
서광언과 아내 이씨도
자살로 생을
마감했다 한다.

정변을 함께했다가 도주하지 않은
개화당 청년들은 색출, 처형되었다.

정변은 이렇게 온건개화파,
급진개화파 모두에게 상당한
인적 손실을 안기고 끝났다.

청으로부터의 자주독립을
꾀했지만

실패 후 청의
영향력과 간섭은
더욱 커졌다.

20대의
위안스카이는
이후 마치
총독처럼
행세했다.

제6장 갑신정변

개화당의 꿈은 왜 실패로 끝났을까?

그들은 일본의 메이지유신을 모델로 삼고 나라를 하루빨리 개혁해 부강하게 만들리란 사명감에 불탔다.

그러나 그들은 메이지유신을 잘못 보았다.

메이지유신은 오랜 존왕운동의 연장으로 대중적 지지기반이 있었으며

저항을 막아낼 자체의 무력이 있었다.

 각설하고, 임오군란,

 갑신정변,

 양대 정변과 그 수습의 과정은

이제 조선에게 자신의 앞날에 대해 스스로 선택할 수 있는 폭이 매우 좁다는 걸 뚜렷이 드러내 보였다.

작가 후기

처음 이 시리즈를 구상했을 때 《철종실록》에서 마무리해야 할지, 《순종실록》까지 가야 할지 잠시 고민했다. 알다시피 《고종실록》과 《순종실록》은 일제 치하에서 편찬되었다. 이 때문에 《조선왕조실록》이라 하면 《철종실록》까지만 거론하고 뒷부분은 따로 《고종, 순종실록》이라 부른다. 이 대목에서 필자는 18권 후기에도 살짝 언급했듯이 조선 '왕조' 실록이 되어야 한다고 생각했고, 국권피탈까지 다루는 게 합당하다고 결론지었다. 이후의 고종과 순종의 이야기는 가벼이 훑어보는 정도로 할 생각이다.

국권피탈 때까지의 《실록》을 그려야겠다고 생각한 또 한 가지 이유는 비록 일제 치하에서 편찬된 《실록》이라 해도 사료적 가치는 충분히 있다고 판단했기 때문이다. 읽어보니 과연 편찬 과정에서 일제의 개입이 느껴졌다. 그러나 따지고 보면 앞선 《실록》들도 마찬가지다. 어느 편이나 편찬 당시의 집권 당파나 세력의 입김이 크게 작용하지 않았던가? 《실록》의 강점은 그럼에도 편찬자의 편집과 해석에 상관없이 많은 사실을 담고 있다는 점이었고, 을사조약 즈음까지는 《고종실록》도 크게 다르지 않았다.

그런데 고종 시대에 대한 기록은 《실록》 말고도 개인에 의한 기록, 관련된 다른 나라의 기록이 어느 때보다도 많다. 이 기록들은 어떤 대목에서는 《실록》보다 더 객관적이고 상세하기도 하다. 이 때문에 이전까지의 참고도서는 말 그대로 참고도서일 뿐이었지만, 19권에서는 거의 주요 텍스트에 버금가는 비중을 차지했다(그나마도 제한된 자료만 살펴보았지만). 그리고 이 시대에 대한 연구가 풍성해서 역사적 사실은 물론 해석까지도 웬만큼 정립

되어 있다. 이런 까닭에 이번 편의 목표는 만화로 잘 요약·정리해서 보여주는 것으로 잡았는데, 그나마도 욕 안 먹을 만큼 되었는지 걱정이다. 흥선대원군과 명성황후의 관계라든가 주요 사건에 대한 새로운 시각을 기대했던 독자들이라면 못내 아쉬우리라.

유길준이나 윤치호가 남긴 기록을 보면 당시의 청년 엘리트들이 얼마나 빨리 서양의 학문과 지식을 수용해 자기 것으로 만들었는지를 알 수 있다. 갑신정변의 주역들도 그랬을 것이다. 참으로 대단한 선각자들이었음이 틀림없다. 정변 이후 일본으로 망명한 그들의 이야기는 20권으로 넘겼다. 김옥균 암살이라든가 박영효의 복귀와 실패, 서재필과 윤치호의 독립협회 활동 등이 하나같이 굵직한 역사적 사건들이기 때문이다.

이제 마지막 한 권만 남겨놓게 되었다.

《고종실록》 연표

1863 고종 즉위년

12.8 대왕대비(효유대비)가 흥선군의 둘째 아들 이명복을 익성군으로 삼고 익종대왕(효명세자)의 뒤를 잇게 하겠다고 말하고 언문 전교를 내리다.
12.9 흥선군을 흥선대원군에 봉하다.
12.13 고종이 인정문에서 즉위하다.
12.20 선전관 정운귀가 최제우와 동학에 대해 보고하다.

1864 고종 1년

1.13 차대에서 대왕대비가 의정부와 비변사의 업무를 구분할 것과 무신을 하대하는 문제를 제기하자 대신들이 의논해 올리겠다고 하다.
1.21 대왕대비가 수령과 변장에 제수된 이들과 벼슬에 처음 오른 이들을 불러 경계의 말을 하다.
1.24 대왕대비가 궁방, 내수사, 각 관청이나 군영, 고관의 집안 등에 업고 보를 파거나 둑을 쌓는다며 폐단을 일으키고 있다고 지적하고 엄금할 것을 명하다.
2.5 대왕대비가 조운선을 일부러 침몰시킨 선주와 멋대로 선주를 귀가 조치한 수령의 처벌을 명하다.
2.8 풍천에서 일어난 민란에 대해 보고하다.
2.11 비변사에서 비변사와 의정부가 업무를 나누는 것에 대해 절목을 올리다.
2.15 법으로 금지된 물건을 몰래 사고파는 것을 단호히 근절하라고 명하다.
2.28 함경도 관찰사 이유원이 러시아인 세 명이 두만강을 건너와 통상을 요구했다고 보고하다.
3.2 최제우를 효수하다.
3.3 전 의주 부윤 심이택이 각종 비리와 부민들에게 강탈한 재산이 27만 냥에 이른다는 암행어사의 보고에 큰 거리에서 한 차례 엄형한 다음 제주에 위리안치하라고 명하다.
3.5 대왕대비가 유배자의 기강에 대해 말하고 유배자에게 뇌물을 준 자, 뇌물을 받은 유배자 모두 처벌하라 명하다.
3.13 의정부에서 방곡의 폐단을 엄히 경계할 것을 청하니 윤허하다.
3.17 비변사가 1866년에 보내기로 한 통신사를 미루는 절차에 대해 아뢰다.
3.20 좌의정 조두순이 전 참봉 이항로의 6품직 제수를 청하니 받아들이다.
4.7 철종을 예릉에 장사 지내다.
4.11 흥인군 이최응이 종부시를 종친부에 통합할 것을 청하자 대왕대비가 의정부로 하여금 의논해 올리게 하다.
4.22 대왕대비가 전국의 서원, 향현사, 생사당 등에 소속되어 있는 토지와 일꾼의 수를 상세히 기록해 보고하라고 명하다.
4.23 왕실의 후손인 유생에게 특명으로 과거를 치르게 하고 세 명에게 전시에 응할 자격을 주다.
4.29 대왕대비가 포구에서 조세를 거두는 일, 보를 쌓아 이익을 취하는 일, 5일장에서 도고를 차리는 일을 없앨 것을 거듭 밝히고 엄격히 실태를 조사해 보고하라 명하다.
5.18 대왕대비가 선파로 죄에 연루되어 있는 사람 중에서 의리에 크게 관계되거나 역적으로 판명된 자를 제외하고는 심사하여 복권토록 하라고 명하다.
6.6 대왕대비가 운현궁과 금위영 사이에 문 하나를 내라 명하다.
6.7 전국의 서원, 생사당에 속해 있는 토지와 일꾼에 대한 조사를 두 달 넘게 지체하고 있는 해당 도신과 유수를 엄히 추고하라고 명하다.
6.15 조두순을 영의정에, 이유원을 좌의정에, 임백경을 우의정에 임명하다.
7.11 홍계희, 김양택, 김종수, 심환지, 김달순, 김한록, 김관주와 복선군 이남, 이하전을 비롯한 종친 18인의 관작을 회복시키라고 명하다.
7.27 대왕대비가 서원의 폐단과 금령을 무시한 설치에 대해 지적하다.
8.10 인삼을 밀매한 잠상 한 명을 효수하고 다섯 명을 유배하다.
8.11 대왕대비가 흥완군의 후사로 양자 간 이재면을 흥선대원군의 후사로 삼게 하라고 명하다.
8.17 대왕대비가 서원의 폐단을 거듭 밝히고, 세금을 면제해준 토지 외에 채워 넣은 토지 일체를 적발하고, 하인과 고지기 등도 정해진 숫자 이외에는 모두 군역을 지우라고 이르다.
8.20 대왕대비가 청탁에 따라 당락이 결정되는 잡과의 폐단을 말하고 고치게 하다.
9.13 탐학하고 비루한 짓을 많이 한 전 현감 이태규의 처벌을 명하다.
10.20 선혜청에서 여러 도의 미납 수량이 1년 분량과 비슷하다고 보고하다.
12.13 청탁을 위해 서울에 머물고 있는 지방 아전들을 잡아들여 엄히 다스릴 것을 명하다.

1865 고종 2년

1.2 김귀주의 관작을 회복하다.
2.2 의정부에서 공납을 받아들일 기간을 30일 연장해줄 것을 청하니 대왕대비가 50일 연장해주되 이를 넘기면 일률로 다스리라 명하다.
2.9 대왕대비가 의정부 청사를 새로 지을 것을 명하며 내탕금 2만 냥을 내리다.
2.20 왕이 종친부가 수리되어 옛 모습을 회복했다며 편액을 친히 써서 내리겠다고 하다.
3.15 왕이 이번 식년시 합격자 명단 끝에

응시한 선파 사람 전원과 풍양 조씨 전원을
적어넣으라고 명하다.(풍양 조씨에 대해서는
대왕대비의 반대로 명을 거두다.)
3.28 대왕대비가 비변사를 의정부에
통합하라 명하다.
3.29 대왕대비가 만동묘의 제사를 폐지하고
지방위와 편액은 황단의 경봉각으로
보내라고 명하다.
4. 2 대왕대비가 경복궁 중건을 명하다.
4. 3 대왕대비가 경복궁 중건에 대해
대신들의 의견을 듣고, 일체를
흥선대원군에게 맡겼으니 의논해 처리하라
명하다.
5. 4 석경루 밑에서 나온 그릇에 대해
이야기하고 이를 조보에 실으라고 명하다.
5.13 좌주 송내희가 만동묘에 향사를 금지한
것을 철회할 것을 청하다.
5.26 차대에서 영의정 조두순이 삼군부를
복구할 것과 6부가 대궐 좌우에 늘어서게
하여 옛 규례를 회복할 것을 청하니 수락하다.
윤 5. 6 대왕대비가 전국의 미납 세금을 전부
받아내라 명하다.
윤 5.16 《철종실록》이 완성되다.
7.27 경상도 관찰사가 장계를 올려 이양선이
영일현에 정박했는데 큰 배가 파손되어 배와
양식을 내주었다고 보고하다.
7.28 경기도 관찰사가 원환곡 16만 8,000여
석 중에서 실제 수효는 1만 4,000여 석뿐이라
보고하다.
7.30 영의정 조두순이 삼정(蔘政)이 경비에
보탬이 되는 것은 다른 세수에 비할 바가
아니라며 적은 분량이라도 몰래 가지고
나가면 적발 즉시 사형에 처할 것을 청하자
대왕대비가 따르다.
8. 9 경기도 장부에 남아 있는 환곡의 1/3을
탕감하다.
8.20 황해도 관찰사 홍순목이 청국 배가

들어왔는데 그중 한 명은 영국인으로, 한
뭉치의 종이(성서와 역서)를 던져놓고
떠나갔다고 보고하다.
9.10 대왕대비가 정도전의 훈봉을 회복하고
봉사손을 건원릉 참봉으로 의망하라 명하다.
9.25 새 법전의 이름을 《대전회통》으로
정하다.
10.15 김상로의 관작 회복을 명하다.
11.11 예조 판서 김병국이 따로 제단을
만들어 성신(星辰)에 제사 지낼 것을 청하니
따르다.
11.25 성단의 제사는 매년 첫 인일(寅日)에
지내는 것을 정식으로 삼으라고 명하다.
11.26 경상도 유생 1,468명이 만동묘 제사를
청하다.
11.30 《대전회통》이 완성되다

1866 고종 3년

1. 5 형조에서 사형죄인 전장운, 최형의
부대시참을 청하니 따르다.
1. 9 김종수를 다시 묘정에 배향하라 명하다.
1.11 포도청에서 사교를 전교한 서양인을
체포했다고 보고하다.
1.20 남종삼, 홍봉주와 서양인 신부 네 명을
효수키로 하다.
2. 8 선파 유생과 무사의 응제를 실시해 문과
1인, 무과 49인을 곧바로 전시에 응하게 하다.
2.13 대왕대비가 수렴청정을 거두다.
7 18 영국 선박 로나호가 12일에
해미현 조금진에 와서 정박하고 선주와
독일 상인 에르스트 오페르트가
통상을 요구하다.
2.25 부산 첨사가 미국 배가 와서 교역을
요청했으나 불응하고 음식물은 제공했다고
보고하다.
3. 6 중희당에서 삼간택을 행해 민치록의
딸을 중전으로 맞기로 하다.

3.11 돈령부 영사 김좌근에게 안석과
지팡이를 내리다.
4.13 이경재를 다시 영의정에 임명하다.
4.17 이경하를 훈련도감 대장으로 삼다.
5.10 대왕대비가 30만 냥을 내리며 환곡의
폐단을 바로잡으라고 명하다.
6. 2 군정과 전정의 폐단을 바로잡도록
공문을 내리다.
7 5 영국 상선이 해미현 조금진에 와서
통상을 요구하다.
7. 8 청나라 예부가 보낸 자문(프랑스가
전교사 살해를 이유로 조선을 치려
한다는)과 이에 대한 답서. 의정부가 프랑스
쪽에 신속히 소식이 전해진 것은 내부자들
때문이라며 사학 무리의 엄단을 청하니
따르다.
7.13 영국 상선이 교역을 청하고 음식물을
요구하다.
7.14 이양선과 내통하는 무리를 효수하라
명하다.
7.15 이양선 여섯 척이 다미현에 정박하고
큰 배 한 척은 평양 쪽으로 갔다고 평안도
병마절도사가 보고하다.
7.18 평양 경내 포구로 들어온 이양선이
통상무역을 요구한다고 평안도 병마절도사
이용상이 보고하다.
7.22 이양선이 뒤쫓는 우리 순영중군을
억류하고 대포와 총을 발사하자 백성이
분개해 돌을 던지고 힘을 보였으며 퇴직
장교가 돌진해 중군을 구해왔다고 평안도
관찰사 박규수가 장계를 올리다.
7.25 정박 중인 이양선이 상선을 약탈하고
총을 쏘아 일곱 명이 죽었으니 무찌르겠다고
평안도 관찰사 박규수가 보고하다.
7.27 화공을 써서 이양선을 공격해 제압했고,
포로로 잡은 자들은 흥분한 군민들이
때려죽였다고 평안도 관찰사 박규수가

보고하다.
8. 3 척사윤음을 내리다.
8. 7 이조 판서 이재원이 영조가 하사한
청산도를 공용으로 돌리고 그 세금으로 진을
설치할 것을 청하다.
8.10 몰래 국경을 넘으려던 잠삼 죄인 두
명을 효수하다.
8.13 이양선 한 척이 부평지방에 들어섰다고
영종 방어사가 보고하다.
8.16 척사를 주장하는 부호군 기정진의
상소가 있다.
9. 6 크고 작은 이양선 6척이 팔미도에서
올라와 큰 배 1척은 부평 앞에, 나머지는
세어도 쪽으로 이동했다고 경기도 관찰사가
보고하다.
9. 8 전날 이양선이 강화도 동쪽 성에 돌입해
총을 마구 쏘고 성을 파괴했으며, 장녕전의
어진은 백련사로 옮겼다고 강화 유수
이인기가 보고하다.
9. 9 애통교서를 내리다.
9.10 사헌부가 강화도를 빼앗긴 강화 유수
이인기와 선봉중군 이용희의 처벌을 청하다.
9.11 순무영에서 서양 선박에 글을 보내 천만
대병으로 응징하겠다고 하자 너희 백성이
재난을 당하게 될 것이라는 답서가 오다.
흥선대원군이 자신을 따르라는 내용의 글을
의정부에 보내다.
9.12 동부승지 이항로가 소를 올려 항전을
주장하다.
9.14 사학죄인 이의송 등 세 명을 효수하다.
9.16 각 도의 관찰사와 사도의 유수들에게
화포과를 실시해 포 쏘는 기술을 익히게
하다.
9.19 문수산성이 함락되었다는 보고가 있다.
9.21 이시원, 이지원 형제가 강화도 함락에
음독자살하자 추증하고 정려문을 내리다.
9.22 하루 전에 적들이 광성진 문루와 옥포

강변의 민가와 화약고에 불을 질렀다고
보고하다.
10. 3 정족산성 수성장 양헌수가 매복하여
기습공격을 감행해 적들에게 타격을
가했다고 보고하다.
10. 4 이항로가 토목공사의 중단, 서양
물건의 금지 등을 주장하며 사직소를 올리다.
10. 9 부평 일대에 정박 중이던 이양선 5척 중
3척이 세어도 밖으로 빠져나갔다고 순무영이
보고하다.
10.13 이양선이 모두 팔미도 밖으로
나갔다는 보고가 있다.
10.15 의정부의 건의에 따라 이양선과
결탁한 사학죄인들을 철저히 색출하기로
하다.
10.18 서양 물품의 금지를 명하고, 들어오는
자는 먼저 벤 뒤에 보고토록 하다.
10.25 문수산성, 정족산성 싸움
참가자들에게 포상하다.
10.30 좌의정 김병학이 당백전 주조를
청하다.
11. 5 근래 있었던 일들(양요들)과 관련해
청나라 예부에서 영국, 프랑스, 미국 등의
움직임에 대한 자문을 보내오다. 그리고 이에
대한 당당한 답서를 보내다.
11. 6 조두순이 당백전에 대해 우려를
나타내다.
12. 1 이달 10일부터 당백전을 통용키로
하다.
12. 2 각 읍의 공납은 새 돈 2/3, 헌 돈 1/3
비율로 섞어 상납하도록 하다.

1867 고종 4년

1. 9 익종대왕을 추상하고 대왕대비에게
존호를 올리다.
1.13 경흥 부사 윤협이 비적의 무리를
쫓아버리고 사람과 가축을 되찾아오다.

2. 4 양요 때 의를 위해 모병에 응하고 재물을
내놓아 도운 이는 대부분 선파에서 나왔다며
식년과의 합격자 명단 끝에 붙이게 하다.
2. 9 영건도감의 감역소에서 불이 나
재목들이 타버리다.
2.30 서울의 각 성문에서 세금을 거두기 위한
안을 마련해 올리다.
3. 7 청나라에서 보내온 자문 중 일본이
조선을 치려 한다는 내용이 있어 쓰시마
도주에게 해명을 요구하는 서계를 보내다.
5. 4 당백전 주조를 이달 15일 뒤에 철폐하라
명하다.
5.18 김병학을 영의정에, 유후조를 좌의정에
임명하다.
6. 3 환곡 총량이 줄어든다며 새로 주조하는
돈을 내려보내(영남 60만 냥 등) 환곡을
만들라 명하다.
6. 6 호조 판서 김병국이 사창(社倉) 설치를
청하자 즉각 수용하다.
6.11 경기, 삼남, 황해에 사창을 설치하다.
10. 1 쓰시마 태수가 편지를 보내
조선정벌설은 근거가 없다고 주장하다.
11.16 경복궁에 나아가 축하받고 사면령을
내리다.

1868 고종 5년

1. 2 도주(盜鑄) 엄금을 명하다.(이후 도주자
효수 기사가 꾸준히 이어지다.)
2.30 암행어사를 각 도에 보내 당백전 사용을
점검하여 촉진케 하다. 이와 관련해
흥선대원군이 암행어사들에게 내린 분부를
기록.
3.25 (재작년에 없어진 미국 배를
탐문한다는) 미국 배가 출현했다는 황해도
병마절도사의 보고가 있다.
4. 3 용강 현령이 흥선대원군의 편지를
이양선에 전하다.

4. 8 이양선에서 14명이 남포 앞 비련도에 내려서는 편지를 전하고 가다.

4.14 궁궐 공사가 해이해졌다며 기간 내 완공을 명하다.

4.21 서양인들이 남연군의 묘를 훼손했다는 보고가 있다.

4.23 영종에 정박해 있는 서양 배에서 흥선대원군에게 교만하고 위협적인 어투의 편지를 전하다. 이에 이런 편지를 흥선대원군에게 전할 수 없다며 영종 첨사가 답서를 보내다.

4.26 적들이 상륙해 성문을 에워싸고 두드리며 열라고 호통하자 발포해 교전하게 되었고, 적의 목 2구를 수습해 성문에 효수했다고 영종 첨사가 보고하다.

4.29 이양선이 장산곶 방향으로 떠나다.

윤 4. 9 문세의 폐단과 개선 대책을 명하다.

윤 4.17 궁방에서 환수한 전결 중 조세는 호중에, 부세는 선혜청에 속하게 하다.

5.29 수원 유수 이경하가 지난번 이양선이 구만포에 정박하고 있을 때 환호하고 아첨한 백성 둘을 효수했다고 보고하다.(사학죄인, 도주 죄인에 대한 효수는 계속됨.)

7. 2 왕이 세 대비전과 중전과 함께 경복궁으로 이어하다.

8. 3 삭령에 사는 정덕기와 윤내형 등이 역모 혐의로 부대시참형을 받다.

9. 3 서원의 토지에 모두 세금을 물리게 하고, 서원 신설을 불허하며, 서원의 원장을 고을 수령이 맡도록 하다.

10. 6 흥선대원군이 공사부족을 말하며 관리나 양반들의 집안 하인으로 부역을 면제받은 이는 1인당 당백전 1엽씩 바치게 하다.

10.10 최익현이 소를 올려 세태를 비판하고 토목공사의 중지, 원납전과 당백전 혁파, 문세 금지를 청하다.

10.14 사간 권종록이 최익현의 소를 비판하고 찬배를 청하다.

10.18 전 장령 최익현을 몇 자급을 높여 돈령부 도정에 제수하다.

11.30 칠원현 백성이 수령을 몰아냈다고 경상도 관찰사가 보고하다.

12. 6 근정전에 나아가 대왕대비에게 가상 존호와 옥책, 금보를 올리다.

1869 고종 6년

1. 2 대군, 왕자군, 적왕손, 왕손을 제외하고는 종친도 과거에 응시할 수 있게 하다. 대군, 왕자군의 사손으로 7품 이하에 있는 자는 모두 6품으로 올려 제수하게 하다.

1. 6 대왕대비에게 존호를 올리다.

1.22 홍순목을 우의정에 제수하다.

1.24 종실 관제를 바꿔 전체적으로 격상시키다.

3.29 이달 24일에 광양현 난민이 현감을 위협하고 인신 병부까지 빼앗으나 현감이 아전, 백성을 모아 적들을 체포하고 인부를 되찾았다는 전라도 관찰사의 보고가 있다.

4.25 돈령부 영사 김좌근이 졸하다.

5. 8 비적들이 의주 강변에 모여 집을 짓고 땅을 개간하는 한편 약탈까지 한다는 보고가 있다.

8.20 영의정 김병학과 우의정 홍순목이 개간지는 물론 장부에 올라 있는 경작지까지 서울과 지방의 무뢰배들이 내수사와 각 궁을 들먹이며 세금을 부과하고 있다고 아뢰다.

10. 2 종정경 이연응이 절수를 받은 토지 500결의 호조 귀속을 청하자 칭찬하다.

10.21 아오지의 군민들이 비적과 호응해 배반하고 약탈해 국경을 넘었다는 함경도 관찰사의 보고가 있다.

12.13 쓰시마 도주의 글이 격식에 어긋져 있어 사리를 알아듣도록 잘 타일러서 수정토록 하다.

1870 고종 7년

1.13 종묘 영녕전 수리 비용으로 선혜청에서 5만 냥을 보내게 하다.

1.24 능이나 원의 정자각 개수 비용으로 선혜청에서 5만 냥을 보내게 하다.

2.27 대묘와 각 능의 공사 비용으로 선혜청에서 10만 냥을 수송케 하다.

3.15 화성행궁에 나아가 어제시를 내리며 대신들에게 답시를 명하다.

5.20 《오례편고》,《육전조례》의 교정 진행 상황을 묻고, 《오례편고》의 서문은 직접 짓겠다고 하다.

8.17 김흥근이 졸하다.

9.10 붕당을 만들고 폐해가 백성에 미치는 서원은 사액서원일지라도 헐어버리라 명하다.

10. 8 조두순이 졸하다.

10.20 이후로 대군, 왕자, 공주 이하가 새로 궁방전을 설치할 경우 면세를 허락하지 말도록 하다.

윤 10. 5 진무사, 동래 부사, 회령 부사, 제주 목사, 강계 부사는 삼군부가 추천하고, 경영의 장신과 좌우 포도청의 대장은 의정부에서 추천하게 하다.

12.20 은그릇을 만들어 운현궁에 바친 보은 군수 이동순을 파면하다.

1871 고종 8년

1. 3 성균관에서 선과 유생을 응제하고 두 명을 직부전시하다.(이에 직부전시된 이재긍의 나이가 어리다며 흥선대원군이 밤중에 나와서 눈물로 사양하다.)

1.25 경기 연해의 각 군에 포군을 두다.

1.28 영고탑 부도통이 황제의 명을 받들어 청나라 땅에 도망해온 조선인들을 관리가

와서 데려가라고 통지하다.
2.21 미국 사신이 청나라를 통해 조선에 전한 편지와 그에 대한 조선의 답변.
3. 9 비록 사액서원이라 해도 중복 설치된 것은 예조 판서가 흥선대원군께 아뢰어 철폐할 것을 명하다.
3.16 정도전, 은언군, 은전군 등 90여 명의 시호를 추증하다.
3.18 영해부 백성 수백 명이 수령을 죽이고 인신과 병부를 빼앗아가다.
3.20 전국 서원 중 47개소만 남기고 철폐하다.
3.25 작년부터 흥선대원군의 분부로 양반은 종의 이름으로 포를 내게 했다는 기록(호포제).
4. 9 김창실, 이여강 등 남연군묘의 도굴을 도운 이들을 친국한 뒤 부대시참에 처하다.
4.10 함경도에 1,400여 명의 포군을 두다. 팔미도 앞바다에 정박한 이양선에서 보내온 편지를 올리다.
4.14 이양선 2척이 종선 4척을 거느리고 손돌목으로 향하자 광성진에서 대포를 쏘다. 이에 저들이 반격하며 손돌목을 지나가다.
4.17 교역 거부를 밝힌 흥선대원군의 편지를 보내자 이에 대해 미국 제독이 답신을 보내다.
4.22 충청 각 군에 1,800여 명의 포군을 두다.
4.24 광성진이 함락되다.
4.25 화친을 말하는 자를 매국의 율로 처벌하겠다고 밝히고 전국에 척화비를 세우다.
4.28 적들이 25일에 물러갔다는 보고가 있다. 조선 측은 어재연 등 53명이 전사하다.
4.29 전라도 각 군에 포군 2,000명을 두다.
5.25 강화도에 군사를 늘리고 보루를 튼튼히 할 것을 명하다.
8.11 조령에서 민란을 기도했던 44명이 체포되다.

8.16 서원 철폐령을 즉시 받들지 않은 도백과 수신들을 모두 엄중 추고할 것을 명하다.
11. 4 원자가 탄생하다.
11. 8 원자가 대변이 통하지 않아 죽다.
11.12 궁가나 양반가에서 금양을 넓게 차지해 백성이 장사 지내지 못하게 하는 행위를 지적하고 금하게 하다.
11.18 평안도에 1,800명 등 각지에 포군을 두다.

1872 고종 9년
1. 3 돈령부 판사 민치구에게 궤장을 하사하다.
1.18 조령의 민란 기도 사건과 관련해 이필제, 정기현의 잔당 5명을 효수하다.
2.16 백성의 사정에 따라 세금을 곡식 대신 돈으로 내는 것을 허락하다.
2.22 박영효를 영혜옹주의 남편으로 정하다.
3. 3~3. 9 개성에 거둥하다. 만월대에서 문무과 정시를 행하다. 돌아오는 길에 폭우로 24명이나 죽는 사고가 발생하다.
7.25 후손이 없는 대군, 왕자들, 죄명에 걸려 죽은 종친 중 후손이 없는 사람에게 후사를 세워주라고 명하다.
10.12 홍순목을 영의정에, 강노를 좌의정에, 한계원을 우의정에 제수하다.
12.16 판종정경 이최응 등이 연명해 임금과 대왕대비의 존호 추상을 청하다.
12.24 근정전에 나아가 대왕대비, 왕대비, 대비전에 존호를 올리다.

1873 고종 10년
1. 3 중추부 영사 정원용이 졸하다.
2.13 중전이 공주를 순산하다.
4.17 (세자빈) 책봉 40년을 기념해 대왕대비전에 존호를 올리고 왕대비전, 대비전에도 존호를 올리다.

윤 6.20 관학 유생 이세우가 상소해 흥선대원군을 대로라 부를 것을 청하니 따르다.
윤 6.24 송시열 사당의 현판을 대로에서 강한(江漢)으로 바꾸게 하다.
10.10 도성 문세의 혁파를 명하다.
10.25 동부승지 최익현이 상소해 대신과 대간, 조정의 기풍을 강력히 비판하고 각종 세금으로 백성은 도탄에 빠졌다고 지적하다.
10.28 형조 참의 안기영, 전 정언 허원식이 최익현을 비판하는 소를 올리다. 성균관 유생들이 최익현의 소와 관련해 공관하다.
10.29 안기영, 허원식의 유배를 명하다.
11. 2 유생들이 거듭 최익현을 비판하고 상소에서 말한 바를 구체적으로 밝혀야 한다고 주장하다. 이에 그런 주장을 시작한 이들을 엄형한 뒤 극변에 유배할 것과 성균관에 들어가지 않는 유생들은 과거에 응시할 자격을 주지 말라고 명하다.
11. 3 호조 참판 최익현이 상소해 몇 가지를 지적하고 종친의 반열에 있는 사람은 그 지위만 높여주고 나라의 정사에 관여하지 못하게 할 것을 청하다.
11. 8 신하들의 거듭된 요구에 최익현의 국문을 명하다.
11. 9 최익현의 답변만 듣고 형신을 가하지 않은 채 제주에 위리안치할 것을 명하다.
11.11 홍순목 등 대신들이 최익현에 대한 엄정한 처리를 청하며 명소패를 바치고 물러가자 파직하다.
11.13 중추부 영사 이유원을 영의정에 임명하다.
11.14 전 헌납 이규형이 호포법 폐지 등을 청하다.
11.15 부사과 강윤중이 만동묘 복구 등을 주장하다.
12. 2 박규수를 우의정으로 삼다.

12.29 지방 유생 김열제 등이 만동묘 복구를 청하다.

1874 고종 11년

1. 6 청나라 돈(호전)의 통용을 폐지하다.
1.19 이경하를 훈련도감 대장에, 조영하를 금위영 대장에 제수하다.
2. 8 원자가 탄생하다.
2. 9 충청도 보은의 유생 조영표 등이 만동묘를 복원하라는 소를 올리다.
2.13 자전의 하교를 받았다며 만동묘를 다시 설치하라 명하다.
2.16 이후 성균관 유생들의 소는 관학 유생들이 두루 알고 대사성의 허락을 거친 후에 들이는 것을 정식으로 삼고, 이를 거치지 않은 채 대궐 앞에 엎드려 상소하는 것을 엄금하라 명하다.
3.10 (서원 복구를 청하는 소가 이어지자) 이후 서원 복구를 청하는 소는 승정원에서 받아들이지 말라고 명하다.
3.21 과거의 폐단은 시관의 불공정함과 선비들의 몰염치에서 비롯된다고 지적하다.
4.25 포도청 대장은 이후의 정부 당상을 겸하지 못하게 하다.
5. 5 호조 판서 김세균이 환곡 중 실제 수량에 충실한 것은 사환곡뿐이라 아뢰자 수긍하다.
5.20 홍지해, 홍상간, 이율 등 11명의 죄명을 말소하다.
6. 1 아직도 합문 밖에 엎드려 물러가지 않는 유생들이 있다며 소두를 유배하고 형조로 하여금 일체 금지시키도록 하다.
6.20 무위소를 설치하다.
6.24 청나라 예부에서 자문을 보내 일본이 조선을 노린다며 프랑스나 미국과 조약을 맺으면 일본이 함부로 못할 것이라는 서양 상인의 뜻을 전하다.
7.15 탐오한 수령이 거둔 돈의 처리 문제에 대해 영의정 이유원과 우의정 박규수의 논쟁이 있다.
8.11 영의정 이유원이 압록강 북쪽 100여 리가 최근 도주자들의 소굴이 되었다고 아뢰다.
10.20 부사과 이휘림이 흥선대원군이 도성으로 돌아올 생각을 않고 있는 상황과 관련해 돌아오도록 청하지 않고 있는 것을 지적하는 소를 올리자 고금도에 위리안치하다.
11.28 민승호가 누군가가 보내온 함을 열었다가 폭발해 죽다.
11.29 전 장령 송영로가 흥선대원군을 돌아오게 할 것을 청하고 영의정을 비판하다.
12. 2 송영로를 금갑도에 위리안치하다.
12.14 돈령부 판사 민치구가 졸하다.
12.17 이최응을 좌의정으로, 김병국을 우의정으로 삼다.

1875 고종 12년

2. 5 새로 가져온 일본의 서계에 대해 논란 끝에 부사가 가서 연향을 베풀어 위로하고 조목조목 이치를 따져 고쳐오도록 하다.
2. 9 제주에 위리안치 중인 최익현의 석방을 명하다.
3. 4 의정부에서 일본 측의 연향 의식이 옛 규례가 아니어서 베풀기 어렵다고 아뢰다.
4. 5 대군이 탄생하다.
5.10 일본에서 보내온 서계나 그들이 주장하는 연향 의식, 복식 등에 대해 대신들과 논의하다. 우의정 김병국은 강경한 반대의사를 보였고, 좌의정 이최응은 융통성 있는 태도를 보이다. 역관을 보내 조목조목 바로잡고 다시 보고하게 하다.
5.17 흥선대원군 문제로 물러가지 않은 유생들에 대해 대신들이 가서 타일러 돌려보내게 하고, 이후에도 계속 같은 일로 상소하면 위를 범한 부도의 율로 시행할 것이라 하다.
6.17 다시 상소한 유생 최화식 등 4인에게 형구를 채워 잡아다 남간에 가두라고 명하다.
6.18 최화식 등 4명을 서소문 밖에서 참하라 명하다.
6.23 대신들의 반대에 최화식 등의 사형을 감해 원악도에 위리안치하게 하다.
8.22 영종 첨사가 이양선이 난지도에 정박하고 있다고 보고하다.
8.25 이양선이 연기를 뿜으며 앞바다로 내려오면서 발포해 화염이 성안에 가득하고 관가의 건물과 민가 등이 불탔다고 경기도 관찰사가 보고하다.
11.15 좌의정 이최응이 일본의 서계에 대해 진일보한 의견을 보이다.
11.20 이최응을 영의정으로 삼다.

1876 고종 13년

1. 2 일본 사신의 배가 강화도로 떠났다고 동래 부사가 보고하다.(나와서 접견하지 않으면 경성으로 간다는 구두 진술서를 동봉하다.)
1. 5 중추부 판사 신헌과 부총관 윤자승을 보내 일본 사신을 만나보게 하다.
1.19~1.20 일본과 조선의 사신이 만나 나눈 대화 기록.
1.21 일본 측에서 한시가 급하다며 조약 문제에 대한 답변을 요구하다.
1.23 최익현이 상소해 화친에 대해 결사반대하다.
1.27 최익현을 흑산도에 위리안치하다.
2. 3 신헌과 구로다 기요타카가 수호조약에 서명하다.
2. 9 일본과의 조약 체결 소식을 전국에 공포하게 하다.

4.10 왕자 이선을 완화군으로 봉하다.
6. 1 수신사로 일본에 다녀온 김기수를 불러보다.
7. 6 조일수호조규 부록과 무역규칙의 내용.
11. 4 경복궁의 화재로 인해 830간이 소실되다.
12.27 박규수가 졸하다.

1877 고종 14년

1. 7 대왕대비에게 존호를 올리다.
3. 5 전시에 응하게 된 민영익에게 음악을 내리다.
6. 4 조세 상납을 일부러 늦춘 수령과 아전들을 엄벌하라 명하다.
8.10 훈련도감 군사 몇 명이 급료를 주지 않는다고 방문을 붙이자 주도자를 엄형하고 원악도에 안치하게 하다.
9.21 혜산과 운총 두 진 사이의 우리 백성이 비적 무리와 결탁해 국경을 넘어가 난동을 부린다는 보고가 있다.

1878 고종 15년

1. 9 인정전에 나아가 대왕대비전에 존호를 올리다.
1.25 인정전에 나아가 대왕대비 결혼 60주년을 축하하다.
4. 4 거듭되는 서원 복구 주장에 반대 뜻을 분명히 하다.
5. 4 프랑스 사신이 청나라를 통해 조선에서 붙잡힌 프랑스 선교사를 구해줄 것을 청하자 의주를 거쳐 내보내기로 하다.
5. 5 지난 4월 3일 서수라에 비적 수백 명이 배를 타고 와 포를 쏘며 진영을 습격하고 사람과 물건을 실어갔다고 함경북도 병마절도사가 보고하다.
6. 5 대군이 졸하다.

1879 고종 16년

3.25 세납 지연에 대해 논의하다.
윤 3.22 일본 공사가 지나는 길에 백성의 접근을 금지케 하다.
4.19 대리공사 하나부사 요시모토가 인천과 원산의 개항을 요구하다.
7. 9 영국과 독일, 프랑스, 미국과 통상해 일본을 견제하고 러시아가 엿보는 것을 방지하라고 권고하는 북양대신 리훙장의 편지와 이에 대한 이유원의 답장.
7.13 원산진 개항 예약에 대해 의논하여 결정하다.
8.15 김병학이 졸하다.

1880 고종 17년

1.12 완화군 이선이 졸하다.
3.23 김홍집을 수신사로 삼아 일본에 갈 것을 명하다.
4.10 흑암 앞바다에 미국 배가 와서 우호를 맺고자 하는 서계를 가져왔으나 받지 않았다고 경상도 관찰사가 보고하다.
7. 9 무기 제조법을 비롯해 기술을 배울 수 있는지에 대해 청나라에 자문을 청하다.
8.28 수신사 김홍집을 불러보다. 김병국을 좌의정으로 삼다.
9. 8 영의정 이최응을 불러 김홍집 일행에 대한 일본 측의 후대와 김홍집이 가져온 《사의조선책략》에 대해 논의하다.
10. 1 병조 정랑 유원식이 황쭌셴의 책자와 이를 가져온 김홍집을 비판하다.
12.21 흥선대원군을 불러보다. 의정부에서 통리기무아문 설치 관련 절목을 올리다.

1881 고종 18년

1.17 통리기무아문을 궐내에 설치하라 명하다.
2. 4 무기 제조법 등을 배워오는 문제에 대해 청나라의 긍정적인 답변이 오다.
2.26 경상도 유생 1만여 명이 소를 올려 《사의조선책략》을 비판하다.
2.27 통신사를 줄이고 이름도 신사로 고치기로 하다.
3.23 《사의조선책략》,《만국공법》등의 서적들을 종로거리에서 불태우고 예수교 배척 뜻을 널리 밝힐 것을 촉구하는 홍시중의 소가 올라오다.
5.15 척사윤음을 팔도에 내려보내다.
5.22 일본인들이 울릉도에서 나무를 베어 원산과 부산으로 실어 나른다는 보고에 검찰사를 파견하다.
윤 7. 6 강원도 유생 홍재학 등의 척사 소가 올라오다.
윤 7. 9 홍재학을 잡아와 엄히 다스린 후 원악도에 안치하라 명하다.
8.29 안기영, 권정호, 채동술을 남간에 가두다.
9. 5 이재선에게 형구를 채워 남간에 가두다.
10.10 안기영, 권정호, 이철구를 부대시 능지처사에 처하다.
10.27 이재선을 사사하다.
11.15 이최응을 영의정으로 삼다.

1882 고종 19년

1.13 서당보를 영의정에, 송근수를 좌의정에 제수하다.
3. 3 홍순목을 영의정으로 삼다.
4. 6 미국과 조약을 체결하면서 관세 조항을 넣다.
5.23 교린 때 국서에 찍을 대군주의 인장과 대조선국 대군주의 인장을 만들도록 하다.
6. 5 훈련도감의 군졸들이 13개월간 밀리다 한 달분의 급료를 받았는데, 이마저도 모자라자 고지기를 구타하다.
6. 9 무위영 대장 이경하에게 동별영으로

달려가 군졸들을 불러 조사하고 타이른 뒤 보고하라 명하다. 수백 명의 군졸이 의금부에 뛰어들어 옥문을 부수고 남간에 갇힌 백낙간을 데리고 가다. 또한 난민들이 청수관에 와 있던 일본인을 죽이고, 인근 집들을 불태우고, 경기 감영의 무기고를 부수어 탈취하다.

6.10 난병들이 궐을 범하다. 선혜청 제조 민겸호, 중추부 지사 김보현, 돈령부 영사 이최응이 살해되고 중궁전이 승하했다고 발표하다. 무위영을 종전대로 훈련도감으로 돌리고, 나머지 각 영도 옛 규례를 회복하다. 아울러 기무아문을 혁파해 삼군부로 되돌리다.

6.11 의정부에서 흥선대원군을 받드는 의절에 대해 별단을 만들다.

6.22 각종 도고를 혁파하라 명하다.

6.27 무위영에 이속시킨 미, 전, 포, 목 등을 해당 아문에 환속하게 하다.

6.29 청나라 사신의 배가 인천에 정박해 대관 만나기를 청하다.

6.30 일본 공사의 배가 제물포에 정박했다고 의정부에서 보고하다.

7.12 마젠충이 이현에 가서 일본 영사 곤도 모토스케를 만나다.

7.13 우창칭이 100명을 거느리고 딩루창, 마젠충과 함께 운현궁으로 가다.

7.15 청국 군대가 흥선대원군을 톈진으로 압송하다.

7.17 '50만 원 배상, 공사관에 군사를 두어 경비, 조선이 대관을 보내 사과' 등의 내용을 담은 조일강화조약을 체결하다. 일본인의 통행 가능 권역을 넓히고 1년 뒤에는 양화진까지 개시(開市)한다는 내용을 담은 수호조규속약도 체결하다.

7.20 모든 것이 자신의 죄라며 새로워지겠다고 백성에게 다짐하다.

7.22 서북인, 송도인, 서얼, 의원, 중인, 역관, 서리, 군오를 가리지 않고 재주 있는 자는 등용하겠다고 밝히다.

7.25 박영효를 수신대사로, 김만식을 부사로 삼아 일본으로 보내기로 하다. 봉상시 정 서상조가 중궁전이 살아 계시다며 의장을 갖춰 맞아들일 것을 청하다.

7.29 관소에 침입해 일본인을 살해한 송순길 등 3인을 효수하다.

8. 1 중궁전이 청국 군대의 호위를 받으며 궁궐로 돌아오다.

8. 5 서양과 교류해야 할 이유를 밝히고 척화비를 모두 뽑아버리라고 명하다.

8.11 조선인들이 지린 변경의 땅을 차지해 경작한다며 세금을 거두고 청나라 법령을 따르게 하겠다고 청나라 예부에서 자문을 보내오다.

8.23 유학 지석영이 상소해 원을 하나 두어 서양 관련 서적들을 수집하게 하고, 각종 기계들도 구비해 고을마다 유생, 관리를 1명씩 뽑아 소속시켜 보고 익히게 한 뒤, 잘하는 자는 서용할 것을 청하다.

9. 2 김병국을 좌의정에 임명하다.

9.22 김옥균을 우부승지에 임명하다.

9.23 민정들을 선발해 우창칭 군문에 교습을 청하다. 이에 위안스카이가 500명을 선발해 1개 군영을 만들어 훈련시키고, 나시 추가로 1개 군영이 편성되다.

9.24 중전의 상사를 발표했던 당시 예문관 제학 임응준과 예조 판서 이회정을 도배하다.

9.26 이항로의 제자인 지평 유중교가 서양을 극악이라며 배척하는 소를 올리다.

10. 2 훈련도감을 폐지하고 대안을 마련하라고 명하다.

10. 7 전적 변옥이 소를 올려 일본식, 중국식 따지지 말고 우수한 것을 취해 군사훈련을 할 것과 윤선, 대포, 전선도 각국을 본받아 설치하자고 주장하다.

10.17 조청상민수륙무역장정이 체결되다.

11. 2 새로 급제한 이완용에게 음악을 하사하다.

11. 5 전관대관 조영하, 영선사 김윤식을 불러보다. 이때 리훙장에게 관세와 외교에 능한 인물의 추천을 청했는데 전 톈진 주재 독일 영사 파울 묄렌도르프를 추천받아 함께 오다. 김윤식은 또한 기술 유학을 떠났던 아이들을 데리고 오면서 기계를 사오다.

11.17 통리아문 설치를 명하다. 파울 묄렌도르프를 통리아문사무 참의로 삼다.

11.22 홍순목을 영의정에 임명하다.

11.28 돌아온 수신사 박영효 등을 불러보다.

12.25 청나라 사람 마젠창을 의금부 찬의 겸 회판교섭통상사무에 임명하다.

12.29 감생청이 감생(구조조정) 별단을 마련하다.

1883 고종 20년

1.10 국모가 된 지 50년을 맞아 대왕대비전에 존호를 올리다

1.17 김옥균 등 4인을 교섭통상사무 참의에 제수하다.

1.23 한성부에 순경부를 설치키로 하다.

1.24 부산항 해저 전선 설치 조관을 체결하다.

1.27 국기를 제정하다.

3.16 김옥균을 동남개척사로 삼고 포경의 일을 겸하게 하다.

4. 5 김옥균을 이조 참의로 삼다.

4.29 중궁에 대해 국상 처리를 맡았던 조병창, 조우희, 이회정, 임응준 등을 사사하다.

5.11 파울 묄렌도르프가 명을 받들고 12마력의 화륜기기를 구매하고 주사 김명균이 톈진의 기술자 4명을 고용해

귀국하다.
5.23 기기국 설치를 명하다.
6. 5 민영익, 홍영식, 서광범 등을 미국답방 담당관으로 삼다.
6.10 임오군란 관련자인 장태진, 허욱 등 7인을 부대시참하다.
6.22 조일통상장정, 한행이정약조를 체결하다.
8. 1 삼군부 혁파 후 보부상들이 아직도 귀속할 곳이 없다며 군국아문에 속하게 하다.
9.25 북관왕묘를 준공하다.
10. 7 김옥균을 이조 참판으로 삼다.
10.23 새로 설치한 교련소를 친군전영이라 부르고 어영청 대장이 겸임하도록 하다.
10.27 조영수호통상조약과 조독수호통상조약을 체결하다.
11.20 조헌과 김집을 문묘에 배향하다.
12. 3 평톈과 조선변민교역장정을 체결하다.

1884 고종 21년

1.11 울릉도에서 일본인들의 벌목이 여전한데 이는 도장(島長)이 이익을 탐내 금지시키지 않아서라고 김옥균이 보고하다.
1.25 수령들이 백성에게서는 엽전으로 거두고 상납은 당오전으로 한다고 김병국이 아뢰다.
3.16 경략사 어윤중이 장계를 올려 혜산진 첨사 등이 연변 유민 1,115명을 데리고 돌아왔다고 보고하다.
3.27 우정총국을 설치하고 홍영식을 총판으로 삼다.
3.29 파울 묄렌도르프를 공조 참판에 제수하다.
5. 9 우의정 김병덕이 옛 규례의 회복을 청하는 소를 올리다.
5.22 김병국을 영의정에 임명하다.
5.26 지린과 조선상민수시무역장정을

체결하다.
윤 5. 4 조이수호통상조약을 체결하다.
윤 5. 5 러시아 전권대신 카를 베베르가 상륙해 서울로 향하다.
윤 5.15 조러수호통상조약을 체결하다.
윤 5.24 홍단령을 금하고 관복은 흑단령만 입게 하다.
6. 3 왕의 명을 받들어 예조에서 복식 개혁 절목을 올리다.
6. 5 복식 개혁에 반대하는 중추부 영사 홍순목, 우의정 김병덕을 문외출송하다.
7. 2 홍순목을 다시 중추부 영사에, 김병덕은 돈령부 영사에 제수하다.
7.23 서광범을 군국사무 참의로 삼다.
8.19 심순택을 우의정에 임명하다.
8.26 군영제도를 전영, 후영, 좌영, 우영체제로 개편해 전영사, 후영사, 좌영사, 우영사를 두다.
9.15 편전에 나아가 일본 공사 다케조에 신이치로와 육해군 사관을 접견하다. 일본 천황이 배상금 중에서 40만 원을 돌려주다.
10.17 우정국 낙성식에서 정변이 일어나 밤에 경우궁으로 옮기다.
10.18 정변 주도자들이 좌영사 이조연, 후영사 윤태준, 전영사 한규직, 좌찬성 민태호, 중추부 지사 조영하, 해방총관 민영목, 내시 유재현을 죽이다. 왕이 이재원의 집을 거쳐 관물헌으로 옮기다.
10.19 청나라 군대의 공격에 김옥균 등이 일본군과 함께 인천을 통해 일본으로 도주하고 홍영식, 박영교는 피살되다.
10.20 심순택을 좌의정으로, 김홍집을 우의정으로 삼다.
10.21 17~20일에 내려졌던 전교를 환수하다. 아울러 관료, 서사인의 평상복은 편리한 대로 하라고 명하다. 또한 통리기무아문은 의정부에 합부하고 우정국은 혁파하다.

심순택을 영의정으로, 김홍집을 좌의정으로, 김병시를 우의정으로 삼다.
10.23 창덕궁으로 돌아오다.
11.24 살해당한 일본인 유가족들에게 배상하는 등의 내용을 담은 한성조약이 체결되다.
11.26 훈련원 첨정 장교준이 일본 공사의 죄를 성토하는 소를 올리다.

1885 고종 22년

1.17 경복궁으로 돌아오다.
2.29 광혜원을 설치하다.
3. 4 리훙장과 이토 히로부미가 톈진조약을 체결하다.

(20권에 계속)

조선과 세계

조선사

1863	고종 즉위, 흥선대원군 정권 장악
1864	최제우 처형
1865	경복궁 중건 시작
1866	병인양요
1867	경기, 삼남, 황해에 사창 설치
1868	남연군묘 도굴 사건
1869	광양에서 민란 발생
1870	조누순 사망
1871	신미양요
1872	박영효를 철종의 사위로 정함
1873	대원군 실각, 고종 친정 선언
1874	원자 출생
1875	운요호 사건
1876	조일수호조규(강화도조약) 체결
1877	일본 불교 한국에 전래
1878	일본 제일은행 부산에 지점 설립
1879	지석영, 종두법 기술 실습 시작
1880	일본에 수신사 파견
1881	일본에 신사유람단 파견
1882	임오군란
1883	태극기를 국기로 제정
1884	갑신정변
1885	광혜원 설립

세계사

프랑스, 인도차이나 획득
일본, 영국 등 4개국 연합 함대가 시모노세키 폭격
미국, 링컨 대통령 암살당함
러시아, 도스토옙스키, 《죄와 벌》 출간
오스트리아-헝가리제국 성립
일본, 메이지유신 시작
수에즈 운하 개통
프랑스, 프로이센과 전쟁
독일제국 수립
일본, 그레고리력 사용
독일·오스트리아·러시아, 삼제동맹 결성
일본, 타이완 출병 결정
프랑스, 미국 등 16개국 미터법조약 체결
미국, 벨, 전화기 발명
영국, 빅토리아 여왕, 인도 황제 겸임
영국과 아프가니스탄, 제2차 아프간 전쟁 시작
미국, 에디슨, 탄소 전구 발명
영국, 글래드스턴 내각 구성
파나마 운하 착공
독일·오스트리아·이탈리아, 삼국동맹 결성
영국, 마르크스 사망
국제협정 따라 본초자오선 지정
인도 국민회의 발족

The Veritable Records of the Joseon Dynasty

In the Joseon Dynasty, there were always officials who followed and monitored the king. They slept in the room adjacent to where the king slept, and they attended every meeting the king held. The king could not go hunting or meet a person secretly without these officials being present.

These officials were called 'Sagwan,' and they observed and recorded all details of daily events involving the king in turns, things that the king said, and things that happened to him. The drafts created by them were called 'Sacho.' Even the king himself was not allowed to read those drafts, and the compilation process only began after the king's death.

When the king passed away, the highest ranking governmental official would be appointed as the chief historical compiler. A research team would collect all the drafts and relevant supporting materials, select important records with historical significance, and organize them in a chronological order. The finished product was usually called 'Sillok,' which means Veritable records.

The Veritable Records of the Joseon Dynasty features a most magnificent scale, as it is a record of all the events that occurred over 472 years, from the reign of King Taejo to the reign of the 25th King Cheoljong (1392~1863). It consists of 1,893 volumes and 888 books (total of 64 million Chinese characters). It was registered as a World Cultural Heritage in Records, by UNESCO in 1997.

Source: A Korean History for International Readers, Humanist, 2010.

Summary
The Veritable Records of King Gojong

A Dynasty at the Crossroads: Between Closing and Opening the Door

Gojong was the twenty-sixth king of the Joseon dynasty. Upon his ascension to the throne, Queen Mother Sinjeong conducted state affairs as regent for a short while, but she granted a significant amount of her authority to Gojong's father, Heungseon Daewongun, making him the de facto monarch. Daewongun advanced a series of bold reforms to eradicate long-enduring social ills. Although they strengthened the dynasty financially and improved the lives of the people, his reforms also provoked outrage from the privileged Confucian elites. Furthermore, Daewongun made a series of political miscalculations: rebuilding Gyeongbok Palace by exploiting the people; oppressing the Catholics and rejecting overseas trade; and invoking the French military Campaign of 1866 and the US military campaign of 1871. After ten years of regency, disaffected members of the government formed opposition alliances, and with the help of his wife, Queen Min, Gojong overthrew his father, Heungseon Daewongun.

When Gojong claimed sovereignty, he embraced the policies of the Old Doctrine faction of the Confucian literati elites and, for the benefit of the people, banned the circulation of Chinese currency. The Battle of Ganghwa impressed upon Gojong the need to be open about modernization, so he dispatched envoys to Japan and the Qing Empire. The Chinese "Eastern Ways, Western Machines" system was chosen as Joseon's basic principle of modernization. This gave rise to the Progressive Party—which sparked political strife between progressives and conservatives—while the Min family took over the royal court. Meanwhile, Joseon was being preyed upon by neighboring powers.

세계기록유산, 《조선왕조실록》

《조선왕조실록》이란?

　《조선왕조실록》은 국보 제151호이자 유네스코 세계기록유산(1997년 지정)으로 조선 건국에서부터 철종까지 472년간을 편년체로 서술한 역사 기록물이다. 총 1,893권, 888책이며, 한글로 번역할 경우 300여 쪽의 단행본 400권을 훌쩍 넘는 분량이다. 철종 이후의 기록인 《고종실록》과 《순종실록》도 있으나 이것은 일본의 지배하에 편찬된 터라 통상 《조선왕조실록》으로 분류하지 않는다. 《단종실록》, 《연산군일기》, 《선조실록》, 《철종실록》처럼 기록이 부실한 경우도 있는데 정변이나 전쟁, 세도정치라는 시대 상황이 낳은 결과이다. 또한 《선조수정실록》, 《현종개수실록》, 《숙종실록보궐정오》, 《경종수정실록》처럼 뒷날에 집권한 당파의 요구에 의해 새로 편찬된 경우도 있다. 하지만 원본인 《선조실록》, 《현종실록》, 《숙종실록》, 《경종실록》을 폐기하지 않고 함께 보존함으로써 당대를 더욱 정확히 알게 해준다. 이렇듯 《조선왕조실록》은 그 기록의 풍부함과 엄정함에 더해 놀라운 기록 보존 정신까지 보여주는 우리 선조들의 위대한 유산이다.

《조선왕조실록》은 어떻게 기록되었나?

　조선은 왕이 사관이 없는 자리에서 관리를 만나는 것을 엄격히 금지했다. 또한 왕은 원칙적으로 사관의 기록(사초)을 볼 수 없었다. 신하들도 마찬가지여서 실록청 담당관을 제외하고는 누구도 볼 수 없었다. 그래서 사관들은 왕이나 권력자의 눈치를 보지 않고 보고 들은 일들을 있는 그대로 기록할 수 있었다. 왕이 죽으면 실록청이 만들어지고 모든 사관의 사초가 제출된다. 여기에 여타 관청의 기록까지 참조하여 실록이 편찬된다. 해당 실록이 완성되고 나면 사초는 모두 물에 씻겨졌다(세초). 이렇게 만들어진 실록은 여러 곳의 사고에 나누어 보관되는데, 이 또한 후대 왕은 물론 신하들도 열람할 수 없도록 했다. 선대의 왕들에 대한 기록이나 평가로 인해 필화 사건이 생기지 않도록 한 것이다. 이 같은 원칙들이 철저히 지켜졌기에 《조선왕조실록》이 오늘날까지 존재할 수 있었다.

도움을 받은 책들

《국역 조선왕조실록 CD-ROM》, 서울시스템주식회사, 1995.
강만길, 《고쳐 쓴 한국근대사》, 창비, 2006.
강순제 외, 《역사인물 초상화 대사전》, 현암사, 2003.
강준만, 《한국 근대사 산책》 1, 인물과사상사, 2008.
권오창, 《인물화로 보는 조선시대 우리 옷》, 현암사, 1999.
김남수 외 엮음, 《100년 전의 한국사》, 휴머니스트, 2010.
김문식·신병주, 《조선 왕실 기록문화의 꽃, 의궤》, 돌베개, 2005.
김옥균 외 지음, 신복룡·조일문 편역, 《갑신정변 회고록》, 건국대출판부, 2006.
김육훈, 《살아있는 한국 근현대사 교과서》, 휴머니스트, 2007.
김장춘 엮음, 《세밀한 일러스트와 희귀 사진으로 본 근대 조선》, 살림, 2008.
김학준, 《서양인들이 관찰한 후기 조선》, 서강대학교 출판부, 2010.
김희영, 《이야기 일본사》, 청아출판사, 2004.
김희영, 《이야기 중국사》, 청아출판사, 1996.
나채훈, 박한섭, 《인천 개항사》, 미래지식, 2006.
다나카 아키라 지음, 현명철 옮김, 《메이지 유신과 서양 문명》, 소화, 2006.
박경희, 《연표와 사진으로 보는 일본사》, 일빛, 2003.
박영규, 《조선의 왕실과 외척》, 김영사, 2003.
박영규, 《한 권으로 읽는 조선왕조실록》, 들녘, 1996.
박은봉, 《한국사 편지》 4, 웅진닷컴, 2003.
박은식 지음, 김태웅 역해, 《한국통사》, 아카넷, 2012.
신명호, 《조선왕비실록》, 역사의아침, 2007.
신명호, 《조선의 왕》, 가람기획, 1998.
유길준 지음, 허경진 옮김, 《서유견문》, 서해문집, 2004.
윤정란, 《조선의 왕비》, 차림, 1999.
윤치호 지음, 송병기 옮김, 《국역 윤치호 일기》, 연세대출판부, 2001.
윤효정 지음, 박광희 편역, 《대한제국아 망해라》, 다산북스, 2010.
이돈수·이순우, 《꼬레아 에 꼬레아니 사진 해설판》, 하늘재, 2009.
이성무, 《조선시대 당쟁사》 2, 동방미디어, 2002.
이성무, 《조선왕조사》 2, 동방미디어, 1999.
이이화, 《이이화의 한국사 이야기》 17, 한길사, 2003.
장영숙, 《고종 44년의 비원》, 너머북스, 2010.
전국역사교사모임, 《살아있는 세계사 교과서》 2, 휴머니스트, 2005.
정교 지음, 조광 엮음, 변주승 역주, 《대한계년사》, 소명출판, 2004.
정숭교 지음, 《미래를 여는 한국의 역사》 4, 웅진지식하우스, 2011.
조선일보사, 《격동의 구한말 역사의 현장》, 조선일보사, 1986.
중국사학회, 《중국역사박물관》 10, 범우사, 2005.
최문형, 《명성황후 시해의 진실을 밝힌다》, 지식산업사, 2001.
최범서, 《야사로 보는 조선의 역사》 2, 가람기획, 2004.
패트리샤 버클리 에브리 지음, 이동진·윤미경 옮김, 《케임브리지 중국사》, 시공사, 2003.
한국고문서학회, 《조선시대 생활사》, 역사비평사, 1996.
한국생활사박물관 편찬위원회, 《한국생활사박물관》 10, 사계절, 2004.
한국역사연구회, 《조선시대 사람들은 어떻게 살았을까》 1·2, 청년사, 2005.
홍순민, 《우리 궁궐 이야기》, 청년사, 2002.
황현 지음, 허경진 옮김, 《매천야록》, 서해문집, 2009.

박시백의 조선왕조실록
팟캐스트로 예습 + 복습! 재미와 감동 두 배!

역사 전문 수다 방송 〈팟캐스트 박시백의 조선왕조실록〉

350만 독자가 환호한 국민 역사교과서 《박시백의 조선왕조실록》을 오디오로 만나보세요. 《조선왕조실록》을 통독한 박시백 화백의 예리한 안목, 조선사 전문가 신병주 교수의 풍부한 역사 상식, 전방위 지식인 남경태 선생의 종횡무진 상상력이 김학원 휴머니스트 대표의 재치 있는 진행과 만나 《조선왕조실록》에 대한 밀도 있는 음성 아카이브를 만들어냅니다.

청취자가 말하는 "나에게 팟캐스트 조선왕조실록이란?"

타임머신조선 활자와 그림으로만 보던 인물들이 팟캐스트 속에서 살아납니다.
여사마 학생들에게 한국사 관련 재미있는 에피소드와 사례 등을 알려줄 수 있어 좋아요.
혀기 역사에 대해 편협했던 시각이 좀 더 넓어지고 유연해진 것 같습니다.
쿠쿠쿠다스 팟캐스트 형식의 자유로움을 더한 역사 콘텐츠라 구미가 착착 당깁니다.

박시백의 조선왕조실록
대한민국 최고의 역사 방송 '팟캐스트 박시백의 조선왕조실록'
〈네이버 TV〉와 〈네이버 오디오클립〉, 〈팟빵〉에서 들으실 수 있습니다.

NAVER | 팟캐스트 박시백의 조선왕조실록 | 검색

〈팟캐스트 박시백의 조선왕조실록〉을
들으며 함께 읽으면 좋은 책

〈팟캐스트 박시백의 조선왕조실록〉을 더욱 풍성하게 만들어준 여섯 권의 책,
〈외전〉편에서 저자와 함께 나눈 대화는 조선사에 대한 더 깊은 이해를 도와줍니다.

식탁 위의 한국사 메뉴로 본 20세기 한국 음식문화사
주영하 지음 | 572쪽 | 29,000원

우리는 지난 100년간 무엇을 먹어왔을까? 근대인의 밥상에서 현대인의 식탁까지, 일상 속 음식의 역사와 그에 투영된 역사와 문화까지 읽을 수 있다.

고문서, 조선의 역사를 말하다 케케묵은 고문서 한 장으로 추적하는 조선의 일상사
전경목 지음 | 400쪽 | 20,000원

저자는 한 장의 고문서로 거대 역사 속에 가려진 조선의 일상을 한 장면 한 장면 복원한다. 저자의 추리와 독해를 따라가다 보면 평범한 사람들의 소소한 일상과 만나게 된다.

정도전을 위한 변명 혁명가 정도전, 새로운 나라 조선을 설계하다
조유식 지음 | 416쪽 | 19,000원

정도전의 삶과 죽음을 집요하게 파고든 파란만장한 기록이 그의 목소리를 대신해 역사의 진실을 들려준다.

벽광나치오 한 가지 일에 미쳐 최고가 된 사람들
안대회 지음 | 500쪽 | 24,000원

조선을 지배한 성리학 이데올로기에서 벗어나 자신의 영역에서, 자신의 시선으로, 자신의 시대를 풍미한 조선의 문화적 리더들.

자저실기 글쓰기 병에 걸린 어느 선비의 일상
심노숭 지음 | 안대회 김보성 외 옮김 | 764쪽 | 32,000원

조선 후기를 온몸으로 살아간 심노숭의 삶과 격동기의 실상을 상세히 기록한 자서전

민주공화국 대한민국의 탄생 우리 민주주의는 언제, 어떻게 시작되었나?
김육훈 지음 | 284쪽 | 15,000원

역사 속에서 실천하고 싸우며 만든 민주공화국의 살아 있는 의미는 무엇일까? 19세기 말에서 정부 수립까지 우리 역사 속 민주주의의 뿌리를 알려준다.

박시백의 조선왕조실록 19 고종실록

1판 1쇄 발행일 2012년 10월 15일
2판 1쇄 발행일 2015년 6월 22일
3판 1쇄 발행일 2021년 3월 15일
4판 1쇄 발행일 2024년 6월 24일

지은이 박시백

발행인 김학원
발행처 (주)휴머니스트출판그룹
출판등록 제313-2007-000007호(2007년 1월 5일)
주소 (03991) 서울시 마포구 동교로23길 76(연남동)
전화 02-335-4422 **팩스** 02-334-3427
저자·독자 서비스 humanist@humanistbooks.com
홈페이지 www.humanistbooks.com
유튜브 youtube.com/user/humanistma **포스트** post.naver.com/hmcv
페이스북 facebook.com/hmcv2001 **인스타그램** @humanist_insta

편집주간 황서현 **편집** 최인영 박나영 강창훈 김선경 이영란 **디자인** 김태형 **사진** 권태균 **영문 초록** 홍지윤
번역 감수 김동택 David Elkins **조판** 프린웍스 **용지** 화인페이퍼 **인쇄** 삼조인쇄 **제본** 해피문화사

ⓒ 박시백, 2024

ISBN 979-11-7087-181-1 07910
ISBN 979-11-7087-162-0 07910(세트)

• 이 책은 저작권법에 따라 보호받는 저작물이므로 무단 전재와 무단 복제를 금합니다.
• 이 책의 전부 또는 일부를 이용하려면 반드시 저자와 (주)휴머니스트출판그룹의 동의를 받아야 합니다.

조선왕조실록 가계도 및 주요 인물
고종

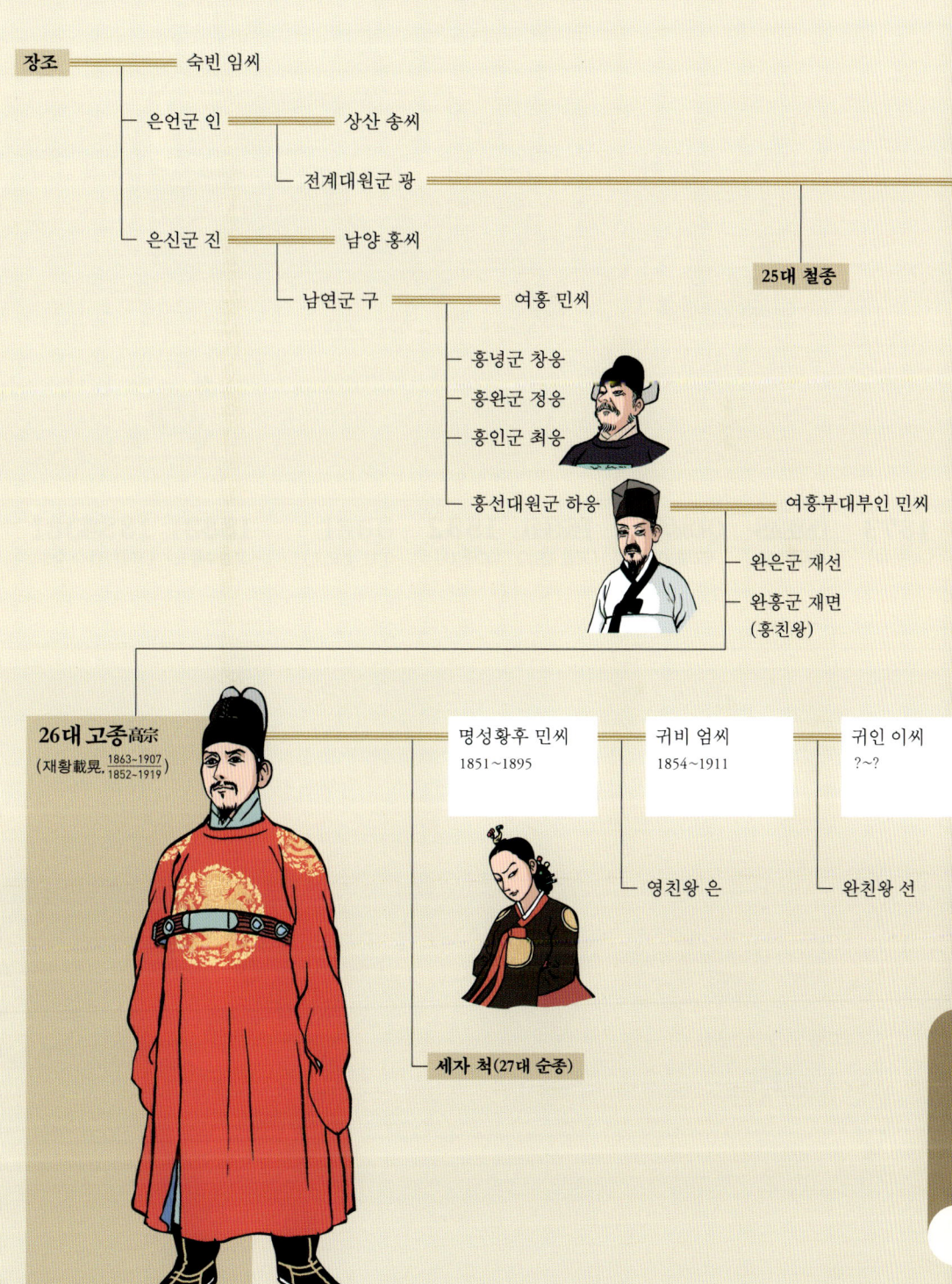

| ( ) 이름, 재위년 생몰년 === 배우자 | 직계

―― 용성부대부인 염씨

조일수호조규 관련 인물

신헌　　이노우에 가오루

귀인 장씨	귀인 이씨	귀인 정씨	귀인 양씨
?~?	?~?	?~?	1882~1929
의친왕 강	육	우	덕혜옹주

갑신정변의 주역

김옥균　박영효　홍영식　서광범　서재필